# LA GARDE ALTERNÉE

www.editions-jclattes.fr

Marta de Tena

# LA GARDE ALTERNÉE

## Du sur-mesure pour nos enfants

Préface de Ségolène Royal

JC Lattès

Collection dirigée par
Laurence de CAMBRONNE

Dans les témoignages,
tous les prénoms ont été changés.

Maquette de couverture : Atelier Didier Thimonier

ISBN : 978-2-7096-3708-4

## Sommaire

# Pourquoi ce livre ?

Ce livre ne se veut pas une défense à outrance de la résidence alternée, mais c'est, tout de même, un livre de parti pris : la résidence alternée apparaît, à nos yeux, comme la moins mauvaise des solutions pour une famille dont les parents se séparent… quand elle se pratique dans de bonnes conditions.

En faisant mes recherches, j'ai eu l'impression que tout et son contraire, littéralement, a été dit sur ce mode de garde. L'alternance serait une « catastrophe sanitaire » à venir, une bombe à retardement qui fabrique une génération de schizophrènes et de détraqués. À l'autre extrême, elle serait la panacée qui effacerait les bouleversements qu'une séparation entraîne, la réponse unique à toutes les situations de divorce.

Non. Ceci n'est pas « Le livre rose de la garde alternée », car il faut raison garder : l'alternance est une option, parmi d'autres, qui offre aux enfants la possibilité de maintenir des liens forts avec leurs deux parents. C'est aussi une option qui gagnerait à s'appliquer plus souvent, même si, nuançons encore une fois, plus souvent ne veut pas dire systématiquement.

Il n'est pas aisé de faire le bilan des dix ans de la loi sur l'autorité parentale du 4 mars 2002, et d'ailleurs, ce n'est pas le but de ce livre : il s'agit de brosser un portrait des pratiques qui marchent pour ceux qui ont choisi l'alternance. Les données sociologiques autour de cette pratique en France sont, sinon inexistantes, pour le moins impressionnistes. Les statistiques de la justice ne sont que des chiffres, et d'ailleurs, les situations fondées sur des accords à l'amiable entre les parents (souvent non mariés) n'y laissent pas de trace.

Et, bien qu'on connaisse les conditions indispensables pour une alternance – proximité géographique, maintien de l'école et des activités extrascolaires, une certaine capacité de communication entre les parents –, savoir comment naviguer en évitant les écueils du quotidien, c'est une autre paire de manches…

Quand je me suis séparée du père de mes enfants, la loi avait trois ans et le concept de garde alternée avait été largement traité et débattu dans les médias. Sans dire qu'il était entré dans les mœurs, c'était quelque chose « qui se faisait ». Mais comment se faisait-elle ? Chacun appliquait – comme aujourd'hui – sa recette maison. Avec les craintes, les mauvaises surprises mais aussi les joies de la découverte et les bonnes trouvailles qui accompagnent toujours les pionniers.

Ce livre, nous l'avons préparé, Laurence de Cambronne, mon éditrice, et moi, avec une rigueur de journalistes, mais aussi avec la conviction de parents qui ont vécu l'alternance de l'intérieur. C'est pourquoi nous avons voulu faire la part belle aux témoignages des parents et des enfants. Pour proposer des solutions qui peuvent marcher, tout en sachant qu'une résidence alternée qui marche est une résidence alternée « customisée ». Du sur-mesure.

Pour la résidence alternée, nous sommes réalistes : nous voulons… tout ce qui est possible. L'harmonie familiale qui apparaît dans les témoignages est bien réelle, on n'a rien inventé, mais il ne faut pas oublier un instant que c'est avant tout le fruit de grands efforts, de prise sur soi, de lâchage de pulsions égoïstes, de la part de ces adultes au profit de leurs enfants.

Les personnes que j'ai rencontrées n'ont pas eu plus de chance que d'autres, ce sont simplement des gens qui ont bossé dur pour que leur séparation ne détruise pas leur famille. Et si aucun de ces parents n'entend se poser en modèle – d'ailleurs, leur remise en cause est constante – certains expriment une fierté, légitime à notre sens, pour avoir réussi à passer outre leurs différends afin de rendre la vie plus facile à leurs enfants.

Nous tenons à remercier ces parents, à les montrer en exemple, et à encourager tous ceux qui ont envie de les imiter.

Marta de Tena

# Ma conception de la résidence alternée

## par Ségolène Royal

Voici un livre utile à celles et ceux qui s'interrogent sur le bien-fondé et l'organisation concrète de la résidence alternée : parents séparés ou en cours de séparation, professionnels intervenant dans le champ de l'enfance et de la famille, citoyens tout simplement intéressés par l'évolution des pratiques et des politiques familiales.

Cette possibilité de double domiciliation de l'enfant chez chacun de ses parents et de partage plus égalitaire de leurs responsabilités éducatives en dépit de leur séparation a été créée par la loi du 4 mars 2002 relative à l'autorité parentale. Alors ministre de la Famille et de l'Enfance, j'avais pris une part active au débat parlementaire.

## *Une reconnaissance novatrice dans l'intérêt de l'enfant*

Auparavant, le Code civil n'admettait qu'une formule : la domiciliation de l'enfant chez un seul de ses parents, l'autre parent (le père, dans la majorité des cas) ne se voyant reconnaître qu'un « droit de visite et d'hébergement », le fameux « un week-end sur deux ». Cet état du droit entérinait une sorte de parentalité à deux vitesses, avec un parent considéré comme « prioritaire » et l'autre comme « secondaire », à rebours de l'évolution des mœurs et de celle, amorcée dans les années 1970, de notre législation.

C'était là une conception restrictive du droit fondamental de tout enfant à être élevé par ses deux parents, qu'ils vivent ou non en couple (droit affirmé par la Convention internationale des droits de l'enfant ratifiée par la France en 1990). Cette norme rigide faisait obstacle à une parentalité plus équitablement exercée, souhaitée par nombre de pères et de mères au moment de leur séparation (mais jusqu'alors sanctionnée par la Cour de Cassation). C'était en outre un paradoxe au regard du remplacement de la puissance paternelle par l'autorité parentale, théoriquement du ressort des deux parents, à égalité de droits et de devoirs.

La loi de 2002 innova en admettant expressément que, dans l'intérêt prioritaire de l'enfant, une résidence alternée pouvait être organisée d'un commun accord par les parents, sans saisir la justice ou en soumettant à son homologation une convention écrite, voire, en cas de désaccord parental, par décision du juge aux affaires familiales.

Que la résidence soit désormais fixée chez le père et la mère ou seulement chez l'un d'eux, la loi énonçait un principe commun à ces deux options : « La séparation des parents est sans incidence sur les règles de dévolution de l'exercice de l'autorité parentale. » Elle rappelait en conséquence la double obligation qui leur incombe : « Maintenir des relations personnelles avec l'enfant et respecter les liens de celui-ci avec l'autre parent. »

### *Sécuriser une relation solide avec le père et la mère*

La possibilité (mais nullement l'obligation) d'organiser une résidence alternée ne visait pas à remplacer une norme par une autre ou à imposer un nouveau standard. Il s'agissait simplement, sous certaines conditions conformes aux besoins de l'enfant et en ménageant une souplesse d'organisation (le rythme hebdomadaire n'est qu'une des formes possibles de cette alternance), de mettre à la disposition des parents un outil, parmi d'autres, leur permettant de sécuriser le double lien de filiation que fragilise souvent la rupture de leur couple et de partager à égalité les tâches éducatives de leur commune responsabilité. Cela afin que l'enfant, personne en devenir, puisse grandir, se structurer et s'épanouir fort d'une relation solide avec son père et sa mère, sans payer le prix de leur séparation.

Je me souviens de ces chiffres qui attestaient la nécessité d'agir pour que le libre choix des adultes de mener leur vie comme ils l'entendent ne débouche pas sur un manquement aux devoirs qu'en mettant au monde un enfant, ils contractent durablement à son égard : 34 % des enfants de parents séparés ne voyaient plus jamais leur père et 19 % le voyaient moins d'une fois par mois, soit plus d'un enfant sur deux n'ayant plus aucune relation avec lui ou une relation seulement épisodique.

C'est d'ailleurs une des raisons pour lesquelles, à la même époque, j'ai créé le Congé de paternité afin de faciliter l'implication précoce et durable des pères, de marquer la reconnaissance de leur rôle par la société et de favoriser un partage plus équilibré des tâches familiales entre les deux parents. Il fallut vaincre bien des résistances et des réticences, y compris dans le gouvernement auquel j'appartenais, mais je suis heureuse d'avoir tenu bon car, aujourd'hui, les jeunes pères trouvent plus naturel de prendre davantage leur part de cet événement majeur qu'est la naissance d'un enfant ; le monde du travail commence ainsi à reconnaître que la conciliation de la vie familiale et professionnelle n'incombe pas seulement aux femmes, même s'il reste, dans ce domaine, bien du chemin à parcourir.

## *Loin des polémiques et des dogmatismes : un dialogue constructif entre parents*

La résidence alternée fit, il y a une dizaine d'années, l'objet de violentes polémiques opposant de manière souvent caricaturale ceux qui en faisaient la réponse idéale adaptée à toutes les situations, la nouvelle norme à promouvoir coûte que coûte, et ceux, résolument hostiles, qui n'y voyaient que traumatismes psychiques pour l'enfant, dépossession des mères voire dangereuse dévirilisation des pères.

Aujourd'hui encore, ce livre en donne un aperçu, les tenants d'une division traditionnelle des tâches entre les hommes et les femmes continuent de guerroyer contre la résidence alternée cependant que d'autres voudraient qu'en cas de désaccord des parents, le juge privilégie systématiquement la domiciliation partagée.

La loi de 2002, fort heureusement, se garde de l'un et l'autre dogmatismes. Elle refuse de confondre la fermeté de la règle (les parents qui se séparent restent père et mère à part entière) et la rigidité de son application (un modèle unique et imposé au mépris de la diversité des situations vécues).

Je tiens la possibilité de recourir à la résidence en alternance pour un progrès mais ce n'est pas la panacée qui gommerait, entre parents séparés, toutes les difficultés et tous les soupçons. Certaines mères portent parfois un regard critique sur la manière dont les pères s'occupent des enfants durant le temps qui leur est imparti, leur reprochant de choisir la facilité d'une relation ludique plutôt que de poser des limites éducatives structurantes. Certains pères se plaignent aussi d'une excessive « possessivité » maternelle et considèrent que la résidence alternée les exonère de toute pension alimentaire, quand bien même les ressources de la mère seraient inférieures (cas le plus fréquent) et la majorité des dépenses éducatives pourtant à sa charge.

Une chose est sûre : la réussite de cette forme exigeante de co-parentalité dépend de la confiance mutuelle que les parents acceptent de se faire, souvent au prix de concessions réciproques, de la qualité de leur dialogue et de leur commune adhésion à un projet éducatif partagé.

## *Aider les familles en situation de précarité*

Elle dépend aussi des conditions matérielles (proximité géographique, aménagement de deux foyers où l'enfant se sait chez lui) que les parents les moins aisés ou en situation de précarité ont plus de difficultés à réunir.

Les lois indifférentes aux moyens de leur application restent impuissantes et peuvent recréer, si l'on n'y prend pas garde, de nouvelles inégalités alors même qu'elles proclament le droit égal de tous.

C'est pourquoi j'ai voulu, pour que la résidence alternée soit accessible à toutes celles et tous ceux qui en font le choix mais aussi, plus largement, pour faciliter l'exercice concret d'une autorité parentale réellement partagée, que la politique familiale que j'ai conduite en 2000-2002 y soit spécialement attentive.

C'est tout le sens des mesures destinées à prendre en compte à l'école, dans la fiscalité, pour la couverture sociale, le versement des allocations ou l'accès au logement social, les charges qui incombent aux pères comme aux mères quand leur séparation entraîne des frais supplémentaires pour continuer à assumer leurs responsabilités parentales.

## *Une réflexion globale sur les mutations de la famille*

La légalisation de la résidence alternée s'inscrivait dans une réflexion globale sur les mutations de la famille contemporaine dont j'estimais qu'elles appelaient une clarification et une mise en cohérence de notre droit ainsi qu'une refondation de l'autorité parentale sur des bases solides correspondant à notre temps.

Sans entrer ici dans le détail de ce texte majeur, je tiens à rappeler qu'il est issu d'un intense travail de préparation avec les chercheurs spécialisés dans les questions familiales, les acteurs de toutes les professions concernées et les représentants des familles.

Il est aussi le fruit d'un remarquable travail de coopération entre le gouvernement et les parlementaires qui ont enrichi ensemble la proposition initiale : ce fut, je crois, un bel exemple de « co-production législative » qui devrait inspirer un État de droit respectueux de l'équilibre des pouvoirs.

Pour éclairer les raisons qui ont conduit à la reconnaissance de la résidence en alternance, je ne crois pas inutile de rappeler brièvement les lignes de forces de la loi du 4 mars 2002.

## *Les grands enjeux de la loi de 2002*

Au départ, ce constat : la pluralisation avérée des formes de la vie familiale (mariée ou non mariée, parents cohabitants ou séparés) est à la fois riche de libertés nouvelles pour les adultes, plus libres de s'unir ou se désunir à leur gré, et source d'insécurités nouvelles qui, trop souvent, mettent à mal la continuité des relations à laquelle tout enfant a droit avec chacun de ses parents, quelles que soient les vicissitudes de leur couple. Ces mutations brouillent l'exercice d'une autorité parentale en mal de repères mais qui ne saurait être facultative ou optionnelle.

Comment, dès lors, articuler efficacement l'évolution des mœurs et l'intangibilité de la responsabilité parentale, autrement dit : la liberté des choix, l'égalité des droits, la sécurité des liens parents-enfants et la continuité des obligations ?

Je n'ai jamais cru aux discours catastrophistes sur la faillite ou le déclin inexorable de la famille. Les Français, jeunes et moins jeunes, y restent fortement attachés : ils en fondent et en refondent avec un bel entrain !

Je crois en revanche que l'institution familiale change et se diversifie : la refonder suppose de clarifier les droits et les devoirs de chacun. Cela suppose de donner à l'autorité parentale sa pleine fonction d'ordre public au service prioritaire de la protection de l'enfant et de la sécurisation impérative d'une double filiation qui institue chacun à sa juste place dans l'ordre généalogique et celui des générations.

Tel était l'enjeu de la loi de 2002 et des quatre principes qui l'organisaient : réaffirmer le bien-fondé de l'autorité parentale, qui est tout le contraire de la soumission de l'enfant à la toute-puissance ou aux caprices de ses parents car elle leur confère un devoir de protection qui a force de loi ; définir un droit commun à tous les enfants et tous les parents, sans discrimination, quel que soit le statut juridique de la famille (d'où, entre autres, l'égalisation des droits successoraux entre enfants légitimes, naturels et adultérins) et reposant sur un exercice réellement paritaire de l'autorité parentale ; sécuriser la continuité du lien de tout enfant avec ses deux parents ; donner aux familles fragilisées par la précarité les moyens d'exercer effectivement leurs droits et leurs devoirs car les familles pauvres ne sont pas de pauvres familles mais des familles d'égale dignité.

## *Accords parentaux et médiation familiale*

Pour la résidence alternée, la loi de 2002 affirmait la prééminence des accords parentaux dès lors qu'ils respectent l'intérêt de l'enfant. Elle entendait limiter l'intervention du juge aux situations conflictuelles et contentieuses où il lui revient de dire le droit. Le législateur n'a pas estimé utile d'ajouter aux dispositions existantes sur le droit des enfants à être entendus et j'avais personnellement mis en garde contre toute dérive aboutissant à faire endosser à un enfant la responsabilité de trancher quelque conflit entre ses parents (ou, comme le souligne dans cet ouvrage le professeur Philippe Jeammet, dont j'apprécie de longue date les travaux sur l'adolescence, d'en réparer les dégâts sur le parent le plus vulnérable). Oui à l'écoute, non à la confusion des places.

Cette réforme de l'autorité parentale encourageait la médiation familiale, également évoquée dans ce livre. À la suite du rapport que m'avait remis la directrice de l'Union nationale des associations familiales et comme je m'y étais engagée devant l'Assemblée nationale, un Conseil national de la médiation familiale a été installé en novembre 2001. Un diplôme de formation continue de médiateur familial a été créé, des règles déontologiques et des contenus de formation définis pour professionnaliser ce service.

Je suis heureuse que l'utilité de cette démarche de prévention et de régulation des conflits parentaux soit désormais davantage reconnue et la Région que je préside lui apporte aujourd'hui un soutien actif.

## *Des principes clairs et une approche pragmatique*

Dix ans ont passé depuis le vote de la loi du 4 mars 2002.

Je crois venu le temps d'un bilan objectif et dépassionné de la pratique de la résidence alternée. Les témoignages ici réunis y contribuent, sans naïveté et sans dogmatisme. Des pères et des mères expliquent les raisons de leur choix, parfois leurs réticences initiales, le modus vivendi qu'il leur fallut inventer d'un commun accord et adapter chemin faisant, les dispositions matérielles qu'ils ont prises, leur souci de ne pas disqualifier l'autre parent, leur gestion des recompositions familiales et l'importance d'un dialogue au long cours qui, dans l'intérêt de l'enfant, dépasse les blessures et les ressentiments de la rupture, fût-elle par consentement mutuel.

Des professionnels au contact des enfants et des familles dans l'exercice de leurs métiers font, eux aussi, part de leur expérience et des leçons qu'ils en tirent. Tous soulignent combien l'intérêt de l'enfant doit s'apprécier au cas par cas, au regard de besoins variables selon les contextes et les périodes de la vie.

Des principes clairs et une approche pragmatique, attentive à la diversité et parfois la complexité des situations vécues : tel était l'esprit de la loi votée il y a une dizaine d'années.

Pour qu'au bout du compte, tous nos enfants, quels que soient les circonstances de leur naissance et les aléas du couple parental, bénéficient des protections dues à leur âge et des sécurités, affectives et juridiques, qui les aideront à grandir, à conquérir leur autonomie et à renouveler notre monde commun.

Ségolène ROYAL

# 1. La loi du 4 mars 2002

Mars 2012. La loi qui a rendu « légale » la garde alternée a dix ans. En effet, le 4 mars 2002, Ségolène Royal, alors ministre déléguée à la Famille et à l'Enfance, se bat, quelques semaines avant les élections, pour faire passer ce texte, a priori un simple article d'une loi sur l'autorité parentale qui va pourtant bouleverser la vie des familles.

Depuis que les féministes soixante-huitardes ont imposé le partage des tâches à la maison, les hommes changent les couches, poussent les poussettes, amènent leurs enfants à la crèche. Et ne comprennent plus qu'en cas de séparation, on les relègue au statut de « père un week-end sur deux ».

Dès les années 1980, ils commencent à se battre pour obtenir la garde de leurs enfants. Depuis dix ans, les demandes de garde alternée émanant des pères sont de plus en plus nombreuses, ainsi que les associations les soutenant. Ce sujet est plus que jamais d'actualité, car une proposition de loi présentée à l'Assemblée en novembre 2011 demande la présomption de ce mode de garde par défaut en cas de séparation. La garde alternée deviendrait donc la norme. Mais, est-ce bien judicieux ?

Lorsqu'on tape « garde alternée – Ségolène Royal » sur Google, la première phrase qui apparaît est « la loi Ségolène Royal continue à produire ses méfaits ».

Lorsqu'on tape « garde alternée » sur Amazon, un ouvrage apparaît en 3ᵉ position *Le Livre noir de la garde alternée*. Autant dire que dix ans après la loi du 4 mars 2002, ce mode de garde des enfants de couples séparés ou divorcés est loin de faire l'unanimité.

Et pourtant, si l'on se penche sur les chiffres, on s'aperçoit que dans tous les pays d'Europe et d'Amérique ce mode de garde est en progression. Car il correspond à une évolution qui avait commencé dès 1970, lorsqu'à l'ancienne notion de « puissance paternelle » a été substituée celle d'« autorité parentale » dans les législations occidentales.

Plus concrètement, en France, l'égalité entre les parents s'est poursuivie par l'institution de « l'autorité parentale conjointe » par les lois du 22 juillet 1987 et du 8 janvier 1993.

La résidence alternée, car tel est le terme exact, fera donc officiellement son entrée dans la législation française avec la loi nº 2002-305 du 4 mars

2002 relative à l'autorité parentale. Dans la langue courante, cependant, le mot « garde » est le plus répandu. À titre d'exemple : sur Google en décembre 2011, on trouve 407 000 fois garde contre 374 000 résidence.

Le texte vise à renforcer le maintien des liens de l'enfant avec ses parents. Il énonce de manière générale, à l'article 373-2, alinéa 2, du Code civil que « chacun des pères et mères doit maintenir des relations personnelles avec l'enfant et respecter les liens de celui-ci avec l'autre parent ».

Avant 2002, les parents qui s'essayaient à la garde alternée étaient, stricto sensu, hors la loi. Un an et demi plus tard, en octobre 2003, 9 % des résidences sont fixées en alternance. Plus concrètement, 16 % lors des divorces par consentement mutuel, et 7 % lors des procédures pour faute[1].

En 2009, 16,9 % des décisions de justice donnent lieu à une résidence alternée : le taux est de 21,5 % lors des divorces par consentement mutuel et 4,4 % dans les procédures pour faute.

À ces chiffres, il faudrait ajouter le pourcentage de couples non mariés qui se séparent et organisent une résidence alternée sans passer par les instances officielles.

---

1. Études et Statistiques Justice n° 23. Les chiffres de la résidence alternée.

D'après une étude sociologique sur la résidence alternée commanditée par la Caisse d'allocations familiales entre 2007 et 2008, c'était le cas de 18 % des couples allocataires.

**En 2011, une proposition de loi pour une plus grande application de la résidence alternée**
Les députés UMP Richard Mallié et Jean-Pierre Decool ont déposé une proposition de loi enregistrée à l'Assemblée nationale le 18 octobre 2011. Cette proposition, soutenue par une centaine de députés de ce même parti, propose des modifications de la loi de 2002 afin que la résidence alternée soit décidée par défaut – si certaines conditions sont réunies, notamment l'âge de l'enfant supérieur à deux ans et demi. Si le texte est adopté, le parent s'opposant à la résidence alternée devra motiver son refus et apporter des preuves valables légalement pour l'empêcher.

# 2. L'AVIS D'UN PSY

**Gérard Poussin est professeur émérite de psychologie clinique à l'université Pierre Mendès France de Grenoble. Il est l'auteur entre autres de *Les Enfants du divorce : psychologie de la séparation parentale* avec Élisabeth Martin-Lebrun ; *Mon enfant a-t-il besoin d'un psychologue ?* ; *La Fonction parentale* ; *Réussir la garde alternée : profiter des atouts, éviter les pièges* avec Anne Lamy** [1].

## La loi de 2002 est une avancée considérable

La loi de 2002 autorisant que la résidence de l'enfant puisse être fixée au domicile de chacun

---

1. G. Poussin, E. Martin-Lebrun, *Les Enfants du divorce*, Dunod, 2011.
G. Poussin, *Mon enfant a-t-il besoin d'un psy ?* InterÉditions, 2005.
G. Poussin, *La Fonction parentale*, Dunod, 2004.
G. Poussin, A. Lamy, *Réussir la garde alternée : profiter des atouts, éviter les pièges*, Albin Michel, 2004.

des parents est une avancée considérable. Cela implique, symboliquement, qu'ils sont reconnus égaux en droits et en devoirs vis-à-vis de l'enfant, même si après, pour des raisons particulières, la résidence principale de celui-ci est fixée chez l'un d'eux.

Parce que la loi l'autorise, parce que les médias en parlent, parce que c'est tout simplement possible (alors qu'auparavant c'était illégal) beaucoup plus de gens l'envisagent.

Les chiffres sont éloquents : dans une étude que nous avons réalisée à l'université de Grenoble, on voit qu'en France on est passé de 4 % de résidences alternées en 1995 à 20 % aujourd'hui. Le choix du mode de garde, et donc de la résidence alternée, est d'ailleurs la première question que se posent les couples qui viennent à mon cabinet quand ils envisagent une séparation.

J'ai beaucoup travaillé sur le concept de coparentalité[1]. La parentalité est le fait de se sentir parent, c'est un ressenti et c'est donc subjectif. Par conséquent, la coparentalité est la façon de sentir et vivre la parentalité à deux. Quand deux personnes sont en couple, elles essaient d'être ensemble les parents de l'enfant qu'elles ont mis au monde. Le grand

---

1. Gérard Poussin, *Psychologie de la fonction parentale*, coll. Familles cliniques, Privat 1993.

défi, après la rupture, est de continuer à se sentir parents malgré la séparation.

Pendant une longue période, la résidence alternée était l'apanage de familles favorisées, dont les protagonistes avaient un niveau élevé d'études, mais aujourd'hui on voit des résidences alternées dans tous les milieux, même dans les familles à budget réduit. Ce qui est aussi un grand progrès.

### *Une résidence alternée ne veut pas dire partage du temps 50/50*

Au Québec, on parle de résidence alternée à partir d'un partage du temps 60/40 : je serais partisan de faire rentrer ce principe dans nos mœurs. Car, on ne le dira jamais assez : on ne doit pas être dans une logique « comptable » quand il s'agit des enfants. Si on calcule le temps pendant lequel un parent divorcé qui n'a pas l'hébergement principal voit son enfant, soit un week-end sur deux et la moitié des vacances, cela fait environ 23 %. Donc, à partir du moment où l'enfant a accès de façon régulière à l'un de ses parents au-dessus de ce seuil (par exemple du mardi soir au mercredi en plus d'un week-end sur deux), on peut parler d'un pas vers l'alternance.

Je connais des parents qui ont refusé ce pas au nom de l'égalitarisme strict et qui s'en sont mordu les doigts ensuite, car les enfants en ont été blessés. Certains enfants ont besoin d'un attachement plus fort d'un côté, tout en conservant un accès important à l'autre parent qui ne soit pas seulement le « parent du week-end ». Il faut aussi savoir respecter ce besoin de l'enfant. Ce qui compte, c'est de conserver le principe même de l'alternance.

## *Pour les bébés, introduire l'alternance progressivement*

Le système « classique » (une semaine sur deux) pour un bébé, ce n'est pas raisonnable. Mais on peut y aller progressivement, ou par périodes beaucoup plus courtes. Le nourrisson a besoin de continuité pour construire ses figures d'attachement. En cas de séparation prolongée, le sentiment de sa propre continuité psychique est mis en péril. Voilà pourquoi on recommande d'introduire l'alternance progressivement.

Les détracteurs de la résidence alternée se fondent sur des cas extrêmes et sur des décisions parfois aberrantes pour la réfuter en bloc. Cela relève, à mon avis, d'une certaine mauvaise foi. Il leur arrive aussi d'interpréter des données scientifiques en les détournant de leur objectif initial. Prenons un exemple : une étude menée dans les pays scandinaves a montré que des bébés de huit mois qui avaient passé plus de temps avec leur père parce qu'il avait pris le congé parental de longue durée (possible depuis longtemps en Scandinavie) avaient néanmoins tendance, comme les enfants élevés par deux parents ou leur mère, à se tourner vers celle-ci en situation de stress[1]. Les détracteurs de la résidence alternée en déduisent que l'enfant a davantage besoin de sa mère que de son père auquel il ne faudrait donc donner qu'un droit de visite réduit. Alors que l'on pourrait plus directement en conclure que l'enfant qui a passé plus de temps avec le père se comporte comme les autres et se porte aussi bien qu'eux. Cette étude, loin d'être un argument contre la résidence alternée, montre que même si la mère est une référence pour l'enfant de huit mois indépendamment du temps passé avec elle, le père est tout aussi capable de s'occuper d'un bébé, même très petit.

On a toujours le droit de décréter que le père est inutile. Mais il faut alors le dire clairement. Sinon, la question à se poser est : comment faire pour que cet enfant ait une relation équilibrée avec ses deux parents ?

---

1. Lamb M.E. et col. 1983, « Effects of paternal involvement on infant preferences for mothers and fathers », *Child Development*, n° 54, pp. 450-458.

## *Avoir l'intelligence de s'accorder sur des détails*

La réponse des anti-résidence alternée à la question précédente est qu'il faut appliquer le calendrier Brazelton[1]. Pour moi, ce calendrier qui propose de façon très définie que, de zéro à un an, le bébé peut rencontrer son père pendant quelques heures, deux à trois fois par semaine, sans dormir chez lui, puis, qu'à partir d'un an, il peut rester une nuit, vers trois ans, un week-end entier auprès du père, etc., est trop rigide.

Ce calendrier peut être un outil de base pour créer son propre système, mais l'appliquer de façon systématique n'a pas de sens. Le métier exercé par les parents, leur disponibilité, et avant tout, les besoins de l'enfant sont des facteurs dont il faut tenir compte pour s'organiser en conséquence. Pour cela, les parents doivent être responsables et communiquer un minimum.

Ensuite, il faut avoir l'intelligence de s'accorder sur tous ces petits détails qui sont si importants pour l'enfant, dire « je le couche à telle heure », ou « je lui donne un biberon avant d'aller au lit ». Ce n'est pas un grand enjeu, un biberon, mais ça va créer une continuité au quotidien qui rassure énormément l'enfant. J'ai été confronté plus d'une fois

---

1. T.B. Brazelton , S.I. Greenspan, *Ce qu'un enfant doit avoir*, Stock, 2001.

à des mères qui, au moment de laisser l'enfant avec le père prenaient avec elles le doudou du petit sous prétexte que « le père est un abruti, il va le perdre », annulant de ce fait le rôle rassurant de l'objet de transition. Ce type d'attitude implique une ignorance complète des besoins de l'enfant qui est beaucoup plus nuisible que le principe de l'alternance.

## La médiation est sous-utilisée

Mais comment faire entendre raison à un couple sur le sentier de la guerre ? La médiation me paraît un outil très intéressant, le problème est qu'il faut que les gens y aillent d'eux-mêmes : par définition, la médiation ne peut être une démarche contrainte. Cependant, j'estime qu'une séance d'information imposée par le juge peut avoir une certaine utilité, même si le couple décide ensuite de ne pas suivre le dispositif : ils sauront au moins que la possibilité existe. En France c'est un outil malheureusement sous-utilisé. À Grenoble, par exemple, la Chambre de la famille traite quelque 3 000 dossiers de divorce par an. Et il n'y a qu'une trentaine de couples qui ont recours à la médiation en un an, c'est-à-dire 1 % !

Dans l'idée d'une démarche obligatoire, il serait plus intéressant d'imposer aux futurs divorcés une sorte de « formation à la coparentalité », comme on le fait au Canada et dans certains États américains. Dans ces « écoles du divorce » on explique quels sont les risques pour les enfants d'un divorce conflictuel. Évidemment, les « élèves » font ce qu'ils veulent de ce qu'on leur a dit, mais ils n'ont plus l'excuse de l'ignorance. En France, il n'existe rien de semblable, pourtant il y a des personnes qui n'ont aucune conscience des enjeux de la séparation. Combien de fois entendons-nous dans les espaces rencontre des femmes dire « il n'a pas besoin de voir son père, ça ne sert à rien » ? Alors que si on leur avait expliqué clairement les souffrances auxquelles elles exposent leur enfant en le privant de ses racines paternelles, peut-être réfléchiraient-elles… Si vous voulez ouvrir une boutique, la chambre de commerce va vous demander de suivre des séances d'information pour que vous ne fassiez pas n'importe quoi. Est-ce si absurde de se donner les mêmes moyens pour protéger les enfants ?

## *La résidence alternée n'est pas « une catastrophe sanitaire en préparation »*

Les gens qui combattent la résidence alternée et qui vont jusqu'à la qualifier de « catastrophe sanitaire en préparation » oublient souvent de se pencher sur les autres risques qu'encourent les enfants d'un couple séparé. Lorsqu'on crée une association qui s'appelle L'enfant d'abord (association explicitement opposée à la résidence alternée, fondée par Mme Phélip, auteur du *Livre noir de la garde alternée*) il faut aller au bout de sa logique et s'occuper de ce qui pose d'abord problème à l'enfant en cas de divorce : être au centre d'une bagarre parentale, ne voir son père que de façon erratique. Je l'ai vérifié maintes fois au cours de ma pratique, et si on faisait des statistiques précises, on verrait que les enfants concernés par ces problématiques sont bien plus nombreux que ceux qui vivent mal une résidence alternée. J'admets qu'il y a des résidences alternées aberrantes mais je ne peux pas admettre qu'on désigne la résidence alternée comme le pire des dommages que l'on peut infliger à un enfant.

## Il faut savoir parfois attendre le bon moment pour faire une résidence alternée

Ce mode de garde est évidemment plus difficile à gérer lorsqu'on a peu de moyens pour se loger. Imaginons une famille qui vit en HLM, les parents se séparent, il y en a un qui reste dans la HLM. L'autre devra partir alors qu'il n'a pas forcément les moyens de prendre un logement adéquat pour les enfants. Dans une situation de mal-logement

– retour chez les parents, petit studio – le parent isolé pourra difficilement accueillir les enfants au quotidien. C'est ce genre de problèmes, d'ordre financier, que l'on rencontre dans les familles qui sont en difficulté. Dans un cas comme ça, j'estime qu'il est mieux d'attendre que les conditions s'améliorent, tout en primant le contact avec ce parent. Ce n'est pas bon que l'enfant se sente comme un invité permanent. Il serait bon que les institutions responsables (CAF, Offices HLM) en prennent conscience pour que la résidence alternée ne soit pas seulement l'apanage de parents aisés.

**Le revenu global des couples au moment de la séparation en 2008**
Un tiers des couples – 33 % – se situait dans la tranche 12 000-25 000 euros annuels. Presque la moitié des couples – 46,1 % – étaient dans la tranche 20 000-50 000 euros et 10 % seulement avaient un revenu assez élevé correspondant à la tranche 50 000-140 000 euros. Aux extrêmes, 5 % de parents gagnaient moins de 12 000 et 0,3 % plus de 140 000 euros.

Brunet F., Kertudo P. et Malsan S., « Étude sociologique sur la résidence en alternance des enfants de parents séparés », *Fors Recherche sociale* pour la CAF, 2008.

## 3.  DU CÔTÉ DES ENFANTS

**Basile, onze ans, en garde alternée progressive depuis la naissance, trouve normal d'avoir deux maisons parce que ses parents sont très différents.**

C'est très différent chez papa et maman, mais c'est qu'elle est une maman et lui c'est un papa, un garçon, je veux dire. Mon père est très geek, on joue beaucoup à la Wee, et il est plus cool que ma mère. Je ne sais pas quand je me suis rendu compte qu'ils étaient si différents, mais la première fois que j'ai vu qu'ils n'étaient pas d'accord mais pas du tout d'accord, c'était quand j'avais sept ans, mon père m'a acheté un T-shirt avec des têtes de mort que je voulais, ma mère n'était pas d'accord, je ne pouvais le porter que quand j'étais chez lui.

Ma mère n'a pas la télé, chez elle. Elle est très bobo, très bio, très écolo. L'année dernière, par exemple, comme on ne trouvait pas d'appart', nous sommes restés deux mois dans un mobil-home qu'on avait loué pour l'été. C'était rock'n'roll, quand même, avec les chauffages d'appoint, pas de télé évidemment, il fallait faire gaffe à l'électricité parce que le groupe électrogène n'était pas très fiable. On vivait comme les pionniers des westerns, c'était comme être en vacances, même si parfois je râlais et que j'étais bien content de rentrer chez papa, à la civilisation. Mais du coup je lisais beaucoup plus aussi, et on parlait, ou on écoutait des livres en audio.

Leurs amis aussi sont différents, pas du tout les mêmes idées, chez mon père c'est plus « normal », chez ma mère plus « alternatif » comme elle dit, je profite des bonnes choses de chaque style. Je suis écolo et tout ça, comme maman, je pense qu'il faut recycler et respecter la planète, mais quand on part en week-end avec mon père et sa nouvelle copine, par exemple, je suis bien content qu'elle ait un gros 4 × 4 avec des écrans sur les repose-tête, elle a un fils, et on regarde des films. Même si je n'aimerais pas avoir un 4 × 4 – ça pollue trop – c'est bien de temps en temps.

J'ai de la chance d'avoir accès aux deux choses. Mon père dit toujours : « Les gens nous regardent de travers en ville, avec cette voiture » et je rigole, parce que maman, quand on voit ces grosses voitures, c'est vrai qu'elle fait la tronche au conducteur, je la vois faire. Moi, je peux me mettre à la fois à la place du conducteur et du type qui fait la tronche, je comprends pourquoi ils ont choisi la voiture ou l'écologie. J'ai fait une rédaction là-dessus à l'école, mon prof de SVT – sciences de la vie et de la terre – m'a mis une super note.

Il y a plein de choses comme ça. Chez mon père je peux parler comme je veux et même dire des gros mots, chez ma mère, non, et parfois elle se plaint à mon père et lui dit de m'apprendre à bien me tenir. Mon père lui dit que ce n'est pas grave, mais quand on va chez ses parents à lui il me gronde si je dis des gros mots, donc quelque part il est d'accord avec ma mère, qui me dit que je dois apprendre qu'il y a des moments où l'on peut les dire et des moments où il faut se tenir.

Moi, ça ne me coûte pas de faire de façon différente dans les deux maisons, ce n'est pas si compliqué que ça. Je suis comme Obélix, c'est vrai, je suis tombé dedans quand j'étais petit. Ça, c'est une chose qu'ils aiment tous les deux, mes parents, Astérix et Obélix, j'ai même des albums en double.

**Claudia, douze ans, en résidence alternée depuis six ans. A l'impression de voir ses parents tous les jours !**

Mes vacances se sont toujours passées chez mes grands-parents, paternels ou maternels, et parfois papa *était là et pas maman, ou le contraire, du coup, je n'ai pas trop vu la différence quand ils se sont quittés.*

*Une chose qui m'a marquée quand ils se sont séparés c'est que maman a dit qu'il fallait prévenir ma maîtresse pour qu'elle sache qu'ils n'habitaient plus ensemble, mais moi je ne voulais pas. Du coup, au lieu de lui écrire un mot dans le cahier de liaison comme elle avait prévu, elle a attendu une réunion avec la maîtresse, mais entre-temps il s'était passé quelques mois, et la maîtresse a dit à ma mère qu'elle n'avait rien remarqué.*

*Sur le coup, je n'ai pas compris pourquoi ma mère a dit « tant mieux, ça me rassure », et quand j'ai demandé pourquoi ça la rassurait, elle m'a dit que ça voulait dire que la séparation se passait assez « doucement » pour moi. Doucement, je ne sais pas, je crois surtout que je n'avais pas vraiment compris ce qui se passait, et que quand j'ai compris que mes parents n'allaient plus jamais habiter ensemble, j'avais déjà l'habitude d'avoir deux maisons.*

*À part ça, tout était pareil. Aujourd'hui, ça me va très bien parce que comme ça, chez papa, je n'ai pas ma petite sœur collée aux baskets tout le temps, et surtout si j'invite une copine à dormir, ma sœur ne s'incruste pas. Je l'adore, mais je n'ai pas envie de jouer à la poupée ou à Nintendogs® tous les jours. Mais mes copines qui ont des petits frères ou sœurs ont le même problème, autant celles qui vivent avec leurs deux parents que celles qui vivent seules avec leur mère.*

Si l'un de mes parents me manque quand je suis chez l'autre ? Non, je ne crois pas. C'est vrai que parfois j'aurais aimé faire de nouveau comme quand ils étaient ensemble, les dimanches, et que j'avais le droit d'aller dans leur grand lit, ou quand je préparais un gâteau pour papa avec maman pour son anniversaire et qu'on lui faisait la surprise…

Mais maintenant que j'ai un portable, quand je veux parler à l'un d'eux, j'appelle tout simplement ou alors j'envoie des SMS, mais pas tant que ça, car tous les deux me disent « tu me refais le même sans fautes ? », je suis sûre qu'ils se sont mis d'accord, ils me font tout le temps la chasse avec l'orthographe.

De toute façon, sauf pendant les vacances, j'ai l'impression de les voir tous les jours, même si je ne les vois pas de la semaine.

**Scott, onze ans, en garde alternée depuis deux ans après neuf ans de garde classique. Pense qu'une semaine sur deux, c'est bien mieux qu'un week-end sur deux : on a le temps de faire plus de choses.**

Mes parents se sont séparés quand j'avais trois semaines. Je ne me rappelle pas de mon père quand j'étais petit, je sais qu'il faisait un trajet en train de cinq heures toutes les deux semaines pour venir me voir et passer du temps avec moi parce qu'on me l'a dit, mais je n'ai pas de souvenirs. Pendant un temps, j'appelais mon beau-père papa, je croyais que c'était lui, mais mon père n'aimait pas ça et l'a dit à ma mère. Tout ça, on me l'a raconté. Ensuite, maman a déménagé à seulement deux heures de mon père, donc je le voyais un week-end sur deux. Au départ ça me faisait bizarre, mais ensuite, après les vacances quand j'avais cinq ans où j'ai passé un mois entier avec lui, j'ai compris qu'il était vraiment mon père, en plus je lui ressemble de plus en plus.

Puis maman est revenue dans la même ville, et ils se sont mis d'accord pour la garde alternée. Et c'est mieux, parce qu'un week-end c'est court, et si on se fâchait, mon père et moi, on n'avait pas le temps de faire la paix, et j'étais triste, je n'aimais pas quand on se quittait pas content. Et le téléphone c'est pas pareil, je ne sais pas faire la paix au téléphone. C'est pour ça que je préfère la garde alternée, on a plus le temps de faire des choses ou même de ne rien faire, enfin, de faire les devoirs et regarder un film sur l'ordinateur ou écouter de la musique. Ce qui m'embête chez mon père, c'est qu'il y a ma demi-sœur de deux ans et demi, j'ai l'impression que c'est toujours moi qui dois faire attention, et qu'il me gronde plus « parce que je suis le plus grand ». Mais au moins, on a le temps de se défâcher et de parler de ce qui s'est passé et de faire la paix.

*C'est mon père qui parle le plus, à vrai dire, il ne me laisse pas en placer une, mais il dit qu'il va essayer de m'écouter plus. On fait le changement le lundi, c'est-à-dire qu'après le week-end, je vais au collège, et en fin de journée je rentre chez l'autre parent jusqu'au lundi suivant. Ce n'est pas super pratique parce que parfois j'oublie un cahier ou quelque chose, il faut surtout que j'essaie de bien faire mon cartable le dimanche soir pour m'éviter des soucis. Mes parents disent qu'il faut que je me « responsabilise ».*

*Chez mon père et ma mère, c'est à peu près pareil, sauf que chez mon père il y a ma demi-sœur et chez ma mère, mes deux frères, ils sont aussi mes demi-frères, mais comme j'ai toujours été avec eux, je ne dis pas « demi ».*

*Mes parents s'entendent bien maintenant, ils le disent eux-mêmes et on discute beaucoup tous les trois de comment on va faire les choses. La différence principale entre eux deux, c'est que ma mère me laisse plus de liberté et que mon père ne me laisse pas faire des choses tout seul, comme aller chez des copains et rentrer seul quand il fait nuit même si c'est dans le quartier, alors que je suis parfaitement capable de le faire, et que je peux quand je suis chez ma mère.*

*On se prend pas mal la tête pour ça, et je crois que peu à peu j'arrive à le convaincre, ma mère dit que je dois faire comme il dit quand je suis chez lui, et que ce n'est pas qu'il ne me fait pas confiance mais qu'il a une autre vision de l'éducation. Mais je ne vois pas comment il veut que j'apprenne la vie s'il ne me laisse pas essayer des choses tout seul. Mais, même avec ça, je ne retournerais pas vivre que chez ma mère, un week-end tous les quinze jours ce serait trop peu de temps avec mon père.*

*Une semaine sur deux c'est bien, sinon, c'est trop long sans les voir. Sauf pendant les vacances. Je ne passe pas exactement un mois avec chacun, ils s'arrangent selon leurs congés, et je vais aussi chez mes grands-parents paternels en Normandie ou chez mon autre grand-mère dans le Sud. Mais en été, ça ne me dérange pas de moins voir mon père ou ma mère, parce que pendant les vacances je bouge, et c'est normal, si on est en voyage, de ne pas rentrer chez soi tout de suite.*

✳<br>✳✳

**Laetitia, quarante et un ans. Ses parents ont pratiqué la résidence alternée dans les années 1980. Estime que le grand « plus » de ce mode de garde est le tête-à-tête avec un parent.**

*De mes neuf à mes quinze ans, j'ai vécu en résidence alternée, sauf que ça ne s'appelait pas comme ça. Je vivais chez mon père et chez ma mère, pratiquement une semaine sur deux. Ce n'était pas prévu comme ça au départ mais, finalement, c'est la solution qu'on a trouvée, à l'époque, pour que je vive au mieux la séparation de mes parents, même si je ne crois pas qu'ils se soient posé la question de ce point de vue, la raison officielle c'était que pour moi, c'était plus pratique.*

*C'est ma mère qui est partie. Après avoir vécu pendant plus de quinze ans une vie de mère au foyer traditionnelle, avec trois enfants, pour lesquels elle avait mis de côté son métier d'enseignante, elle a décidé, lorsque la plus petite de ses filles, moi, avait huit ans, qu'elle voulait vivre sa vie autrement – ceci, cependant, je l'ai su plus tard, elle prenait le train de la libération de la femme qu'elle avait l'impression d'avoir raté.*

*Pour moi, tout s'est passé très vite. Quand mes parents nous ont parlé, j'ai compris qu'on allait déménager et c'est ma grande sœur qui m'a dit : « Tu es bête à manger du foin, tu ne comprends pas : ils divorcent. » Puis elle a éclaté en sanglots. Et moi avec. À sa décharge, elle avait douze ans et était aussi démunie que moi. C'était la fin des années 1970, on était en province, je crois que le juge ne s'est même pas posé la question : les filles, avec la mère. Nous, c'est sûr, on ne nous a pas posé la question. Bon, d'après ma mère, si. J'ai eu récemment une conversation avec elle, le récit officiel c'est qu'elle et mon père nous ont demandé comment on voulait faire, nous, les filles. Je n'ai aucun souvenir, j'imagine que j'ai dit « comme mes* sœurs ». Ma mère s'est donc installée avec nous dans une petite ville relativement proche du village où on avait grandi, mon père est resté seul dans la maison à la campagne, avec le chien. Moi, ça me brisait le cœur, de ne pas voir mon papa, de ne pas l'attendre le soir pour lui poser des questions sur les devoirs, et mon chien, mon chien me manquait aussi terriblement.

Et puis je devais me lever très tôt, et ma mère aussi, pour m'amener à mon ancienne école, car ils avaient décidé de me laisser finir le primaire au même endroit, ce qui n'était pas le plus pratique mais qui était une bonne chose pour moi, j'aurais été vraiment paumée si on m'avait en plus changé d'école. Pour mes sœurs, c'était plus simple, l'aînée allait déjà au collège en ville et la deuxième attaquait la sixième cette année-là.

J'avais l'impression d'avoir deux vies, celle de l'école, dans le village, et une vie étrange comme des mauvaises vacances qui ne se finissaient pas, dans un appart, sans chien, sans jardin et sans père, avec mes sœurs qui me semblaient s'être habituées trop facilement au changement.

Puis, par chance, il y a eu la neige. La neige qui empêchait de rouler, qui rendait dangereux le trajet à l'école… Mon père a proposé que je reste chez lui, après tout, l'école était à trois rues, c'était bien plus simple. Ma mère était d'accord.

Encore une fois, on ne m'a pas posé la question – ma mère et moi n'avons pas la même version des *faits à ce sujet, je n'ai aucun souvenir d'avoir été consultée, elle dit que oui, et mon père est décédé, donc je ne saurai jamais comment ça s'est vraiment passé. Le tout est que cette fois-là, j'ai eu ce que je voulais sans savoir que je le voulais. Je me rappelle de m'être sentie de nouveau à ma place, normale et bien, en dînant avec mon père dans notre ancienne cuisine. Le week-end, mes sœurs sont venues, j'étais très contente de les revoir, elles m'avaient manqué, mais j'étais quand même mieux au village.*

*Puis, la neige a fondu, et ma mère m'a réclamée, elle aussi, elle voulait me voir. Mon père m'a dit qu'il était ravi de m'avoir avec lui mais que je ne devais pas faire de la peine à maman – un grand monsieur, mon père. Et je crois que c'est comme ça que ma résidence alternée a démarré.*

*Mon père voyait que j'étais déchirée, que je voulais autant rester avec lui que revoir ma mère et mes sœurs, et c'est lui qui a proposé le système une semaine sur deux, à partir du dimanche soir. Pour moi c'était drôle et excitant, j'avais l'impression d'être le chouchou de mon père et de ma mère, alors qu'avant, j'avais l'impression de ne pas compter pour grand-chose.*

*À l'école, j'étais un peu un animal exotique, on était quand même à la campagne, et déjà être fille de divorcés n'était pas très courant, mais en plus, cette « vie de romanichel » comme disait ma grand-mère, qui pensait que c'était n'importe quoi mais qui était* quand même contente de voir que son fils ne restait pas complètement à l'abandon. Je n'avais pas l'impression d'être perdue, au contraire, je me retrouvais. J'ai pu conserver mes anciens repères le temps de m'en créer des nouveaux en ville, avec mes sœurs et ma mère.

Je sais qu'on conseille de ne pas séparer une fratrie, mais, dans mon cas précis, ça m'a fait du bien. Comment dire ? C'était comme si, avant, mes sœurs prenaient toute la place, elles décidaient des jeux, de la musique qu'on écoutait, je me contentais de les suivre, je n'avais pas voix au chapitre. Elles étaient plus proches entre elles qu'avec moi, et je me sentais toujours en trop. Être seule avec mon père, puis savoir que ma mère m'attendait et vice-versa m'a fait prendre conscience qu'ils m'aimaient autant que mes sœurs, question qui me tourmentait de manière vague, mais pesante, jusqu'au divorce de mes parents.

Je crois aussi que ma mère, après le divorce, était entrée dans une période de « recherche de soi » ou c'est plutôt cette période qui l'a conduite à se séparer, mais elle n'était pas trop présente, ou en tout cas j'avais l'impression qu'elle n'était jamais vraiment là. Elle avait attendu que « les filles soient grandes pour partir », mais j'avais cinq ans de moins que l'aînée ! Elle se reposait justement beaucoup sur mes sœurs pour qu'elles s'occupent de moi, mais elles avaient aussi d'autres soucis, leurs soucis d'ados, et j'étais une sorte de ouistiti qui s'accrochait à elles. En vivant avec mon père, je suis devenue plus grande à leurs yeux, plus *indépendante, et leur considération m'a fait croire plus en moi-même, aussi, par un drôle de jeu de miroir.*

*Quand je suis entrée en sixième, et que du coup le collège était plus près de chez ma mère, mes parents se sont posé la question, mais pour moi, la question, justement, ne se posait pas. J'étais bien comme ça. J'étais un garçon manqué, et mes sœurs avec leurs posters de chanteurs et les grands débats sur s'il fallait mettre du mascara ou pas pour aller en cours me soûlaient prodigieusement. J'aimais autant aider mon père à rentrer le bois ou bricoler. J'adorais regarder un film le soir avec lui.*

*Je crois aussi que l'ambiance trop féminine de la maison n'était pas faite pour moi, je préférais la compagnie des garçons, et passer du temps avec mon père, qui me posait des questions ET écoutait la réponse, qui s'intéressait à ce que je lisais, qui me demandait mon avis sur le film qu'on venait de voir, ça me faisait un bien fou. Préparer un sac à dos chaque semaine ne me paraissait pas cher payé pour avoir droit à mes deux mondes. Quand j'ai commencé à faire l'aller-retour en car parce que j'étais plus grande, ça ne m'a pas gênée plus que ça, j'ai appris à voyager léger.*

*Je suis très contente d'avoir grandi comme ça. Quand mes parents se sont séparés, j'avais huit ans et j'aurais tout donné pour que tout revienne comme* avant, mais deux ou trois ans plus tard, franchement, j'avais trouvé mon équilibre.

Mes parents se parlaient régulièrement, mon père prenait l'apéro parfois chez ma mère, et vice-versa. Quand mon père partait en vacances, il nous arrivait à mes sœurs et moi avec ma mère d'aller passer du temps pour « garder la maison », entendez, profiter du jardin. Ils n'étaient pas spécialement complices ou amis, mais ils cherchaient à s'entendre pour nous trois.

Ce n'était pas évident, ni courant, à l'époque où les couples qui rompaient étaient presque censés ne plus se parler. C'est un effort que je salue.

# 4. Et à l'adolescence ?

**Philippe Jeammet est professeur de psychiatrie de l'enfant et de l'adolescent à l'université Paris-Descartes. Il est l'auteur de nombreux ouvrages, dont *Pour nos ados, soyons adultes* ; *Adolescences : repères pour les parents et les professionnels* avec Alain Braconnier ; *Lettres aux parents d'aujourd'hui* ; *Anorexie boulimie : les paradoxes de l'adolescence*[1].**

J'ai souvent rencontré des ados – et des enfants plus jeunes aussi – qui disent leur impression « de ne pas avoir de maison ». Ce sont des enfants qui se sentent trop à la disposition des adultes, à la merci de leur organisation, et c'est en arrivant à

---

1. P. Jeammet, *Pour nos ados, soyons adultes*, Odile Jacob, 2010.

P. Jeammet (dir.), *Adolescences : repères pour les parents et les professionnels*, La Découverte, 2012.

P. Jeammet, *Lettres aux parents d'aujourd'hui*, Bayard, 2010.

P. Jeammet, *Anorexie boulimie : les paradoxes de l'adolescence*, Pluriel, 2011.

l'adolescence qu'ils se sentent enfin capables de dire « j'ai envie d'autre chose, arrêtez de m'imposer vos choix ». Il faut, évidemment, les écouter : il n'y a pas de statistiques sur les enfants qui, devenus ados, disent : « J'en ai marre de la résidence alternée maintenant. »

Pourquoi en ont-ils marre ? Il ne faut pas qu'en tant que parent, on se sente fautif ou déficient lorsqu'un enfant demande à rester chez l'ex-conjoint. L'enfant parle de son ressenti quant à un mode d'organisation, cela ne met pas en question l'amour qu'il porte à ses parents.

### Les parents qui se séparent sont trop souvent pris dans l'idée du quantitatif

Ils veulent avoir leur part d'enfant autant que l'autre parent : c'est une attitude à proscrire. Il faut penser au qualitatif, à ce qu'on représente en tant que père ou mère pour notre enfant, et qu'on le reste quelle que soit la situation. Il faut croire à l'amour qu'ils nous portent et ne pas penser que ce partage prétendument « égalitaire », mais qui peut cacher un règlement de comptes avec l'ex, efface la qualité du lien affectif avec l'enfant.

Il peut y avoir de nombreux événements déclencheurs : un parent qui se trouve trop pris par son travail ou par une nouvelle relation amoureuse… Il y a des tas de facteurs, donc, plutôt que de se dire « Je suis un mauvais parent » il faut essayer de voir ce qui se passe chez nos enfants. Car les enfants peuvent être très protecteurs à l'égard des parents, et ils peuvent vouloir rester avec un parent qu'ils sentent en difficulté pour l'aider, le soutenir. Ce n'est pas leur boulot et il serait irresponsable de les charger avec cette responsabilité.

Il ne faut pas s'affoler, l'envie de changement peut avoir une source tout à fait banale, voire de confort : pour avoir des trajets moins longs, pour rester plus près de certains copains, et, encore une fois, il ne faut pas le vivre comme une disqualification en tant que parent. Bien entendu, si on est le parent chez qui l'enfant décide de rester, on ne doit pas utiliser cette envie comme une victoire sur l'ex, encore moins, projeter nos sentiments et dire : « Ça ne m'étonne pas que tu ne veuilles pas vivre avec lui/elle, je comprends que tu sois parti/e. »

**Il ne faut pas critiquer l'autre parent, on ne le dira jamais assez**

Il ne faut pas oublier que l'enfant est issu de ses deux parents, et qu'en attaquant l'autre, on est en train d'attaquer la partie de l'enfant qui vient de lui.

Une des façons de savoir comment l'enfant se sent, c'est d'introduire un autre adulte dans la relation avec lui. Il peut s'agir d'un professionnel de l'enfance, au sens large – un prof attentif, le médecin de la famille, éventuellement un psy – ou simplement un adulte proche mais relativement neutre : une tante, un ami, les parents d'une copine.

Cet adulte peut aider l'ado à formuler ce qui ne va pas en énonçant des possibilités : « Tu penses que peut-être tu veux rester avec maman parce qu'elle est seule ? Avec papa parce qu'il a dû quitter la maison »… En lui proposant, sans l'enfermer, les diverses possibilités, on l'aide à comprendre que c'est « dicible ».

Ce n'est pas nécessaire d'avoir « une grande conversation », il faut que l'idée fasse son chemin, laisser le temps à l'enfant d'en prendre conscience jusqu'à ce qu'il se sente capable de l'exprimer lui-même avec ses mots. Avec cet « adulte-relais » en qui il a confiance mais avec lequel il n'y a pas la même densité affective qu'avec le parent, l'ado se sentira plus libre de parler. Évidemment, il faut être prêt à entendre ce que cet adulte peut nous dire sans prendre la mouche, sans se sentir négligent ou critiqué. Il est bien connu qu'on voit mieux de l'extérieur que quand on a le nez dedans.

Ce qui est fondamental a priori et sur le long terme, c'est d'établir une liberté de langage, de sorte que l'enfant sache qu'il peut nous dire le fond de sa pensée sans créer de conflit et sans s'attirer des problèmes. Il faut qu'il soit en confiance pour s'exprimer lorsqu'il sent un tiraillement ou un malaise.

## Comment savoir si l'ado vit bien la résidence alternée ?

Il y a trois choses basiques à surveiller : les soins du corps, la sociabilité, l'apprentissage.

L'ado qui ne va pas bien part dans une dynamique de restriction : il peut arrêter de manger, ou montrer des dégoûts très marqués, arrêter le sport, ne plus travailler à l'école. Ce sont toujours des signes à repérer, sans s'affoler : on ne s'inquiète pas pour une perte d'appétit transitoire ni pour une mauvaise note. Mais on reste vigilant pour repérer au plus vite une conduite de restriction qui s'installe.

Car au fond, les pathologies psychiatriques sont les mêmes : on se ferme, on crée des frontières, on se coupe du monde pour se protéger, pour avoir l'impression de reprendre le contrôle.

Si l'ado est mal dans sa peau, c'est qu'il se sent débordé – même quand c'est à son insu, inconsciemment – et il se coupe de quelque chose.

C'est un mécanisme très primaire : on se met en retrait de quelque chose pour avoir l'impression de s'imposer. Quand un jeune déclare soudain qu'il n'aime pas sortir ; eh bien, non, ce n'est pas qu'il n'aime plus voir ses copains, mais qu'il essaie de contrôler un mal-être en décidant de s'isoler pour se donner l'impression qu'il tient les manettes de sa vie.

*Pour prévenir et ne pas laisser le mal-être s'installer, ce qui est sain c'est de faire le point de façon régulière*

À chaque début d'année scolaire ou à chaque vacances, selon le vécu et les familles.

C'est un bon principe d'hygiène de vie en général : s'arrêter et faire une mise au point, autour d'une question très simple : est-ce qu'on est bien ? Parce que quand ça ne va pas, plus ça avance, plus ça va mal. Et on peut s'en passer du mal-être, n'est-ce pas ? Et surtout, on peut agir. Ce n'est pas la peine d'attendre que l'autre parent agisse, ou que l'enfant se trouve au fond du trou. Il faut être un parent alerte et actif, prendre le temps de s'arrêter pour considérer la situation et chercher ce qu'on peut faire. Sans dramatiser. Parce que, voyons : que l'enfant veuille changer le rythme de l'alternance, est-ce si grave ? Je dirais que non, pourquoi le serait-ce ? D'ailleurs, avec le recul, je vois moi-même qu'on passe trop de temps de notre vie à se faire du souci pour des choses qui ne le méritent pas, et on vit, et on fait vivre nos enfants dans une tension constante qui est ravageuse. C'est souvent le cas en France : tout est grave. Et non, la vie peut être simple. Parfois, le problème n'en est pas un, il s'agit plutôt d'une question de regard, mais l'adulte consciencieux se tend, se stresse... et voilà le chantier. Si ça ne va pas, la réponse est simple : on cherche à changer ce qu'on peut changer.

### C'est l'ambiance dans la famille qui importe

Il ne faut pas avoir peur de ce qui va se passer si on change le rythme de l'alternance ou le mode de garde. Je ne parle pas du cadre, des questions de règles et des limites qui sont importantes aussi, mais de l'ambiance : est-ce qu'on offre à nos enfants un cadre de vie détendu ? Est-ce qu'on est en train de leur apprendre l'optimisme ? Leur apprend-on à voir le verre à moitié plein ? On a le droit de voir que l'autre moitié est vide, et de le dire, mais il faut se concentrer sur la partie pleine.

Ce qu'on veut, nous les parents, c'est que tout le monde aille bien. Ne faisons pas de ce changement que l'enfant demande un enjeu gravissime. La question n'est pas que l'enfant ne nous aime pas, ou qu'il nous aime moins que l'autre parent… Bien sûr qu'il nous aime, il ne faut pas en douter. Car si on est anxieux, qu'on exige des preuves, qu'on demande à être rassuré, l'enfant commence à douter dans tous les sens, et il va se demander : « Comment ça se fait, qu'il ne sache pas que je l'aime ? Est-ce que je l'aime ? Est-ce qu'il m'aime ? » On crée chez l'enfant un malaise et des tensions qu'on pourrait, et qu'on doit, éviter.

Avec la puberté, l'enfant a des besoins de dépendance plus ou moins importants, selon son sentiment de sécurité intérieure et de sa confiance en lui. Il aura tendance à aller chercher cette confiance qui lui manque et le besoin de sécurité chez ses parents. Il est dans une véritable attente.

## *La résidence alternée n'est qu'un outil, ni bon ni mauvais en soi, cela dépend de ce qu'on en fait*

Si la séparation intervient alors que l'enfant est en pleine adolescence, il faut voir avec lui ce qui peut lui convenir, ce qu'il souhaite. Attention, il peut vouloir rester avec un de ses parents, non pas parce qu'il se sent mieux avec lui, mais parce qu'il le sent démuni, j'ai souvent vu des enfants qui optent pour un parent en difficulté. Une résidence alternée peut, dans ce cas, lui éviter de s'enfermer dans un rôle de protecteur qui n'est pas le sien. Il passerait ainsi, par exemple, une semaine ou quinze jours avec le parent qu'il sent « malheureux », et ensuite il peut passer une autre période plus détendue avec le parent qu'il sent plus épanoui. Comme ça, on le ménage.

La résidence alternée a en outre l'avantage d'éviter à l'enfant d'être en huis clos avec un parent qui peut être toxique pour lui parce qu'il a trop d'emprise, ou qui est trop possessif. Le fait de vivre par périodes chez l'un et chez l'autre va l'aider à trouver une distance, un équilibre.

C'est avant tout une question de respect envers l'enfant.


## Prendre la décision pour lui s'il n'y arrive pas

Si on sent que malgré tout, il y a un enjeu affectif, que l'enfant a peur de trahir l'un ou l'autre de ses parents, et qu'il n'arrive pas à se prononcer, on peut l'aider en « imposant » la résidence alternée pour qu'il se sente dédouané : on a pris la décision pour lui, ça le libère. Il faut avoir de l'empathie !

C'est important de faire en sorte qu'il fasse des choix de liberté et de plaisir, non pas de sacrifice et de restriction. Bien entendu, il ne peut changer d'organisation au gré d'un caprice, mais les enfants savent très bien où sont les limites, c'est pour ça qu'ils tentent de les dépasser.

Et on fait le point, comme on a dit, de façon régulière. Il ne faut pas avoir peur de jouer, au sens noble du mot, avec cette possibilité qu'une séparation offre, l'idée étant de trouver la bonne dynamique, l'endroit où il est bien, chez lui.

Une des critiques qu'on fait à la résidence alternée c'est de ne pas être une solution définitive. Et alors ? Rien n'est définitif dans cette vie, et de toute façon, l'enfant va grandir, et partir… Ce qui compte, c'est qu'il soit bien « aujourd'hui ».

# 5. Du côté des ados

**Raphaël, dix-sept ans, en résidence alternée de neuf à seize ans. Il vit chez son père depuis un an.**

La séparation de mes parents ne m'a pas plus marqué que ça. Enfin, un peu, mais leur divorce n'a pas été un divorce traumatisant comme on pouvait le vivre dans les années 1950. Et ça compte. En même temps, j'avais neuf ans, il y avait pas mal de choses qui m'échappaient. En plus, il y a deux facteurs essentiels qui ont tout rendu plus facile : leurs deux appartements sont très proches et j'ai un frère jumeau. Sans doute ça nous a beaucoup aidés, mon frère et moi, tout simplement parce que depuis notre naissance, nous « nous avons », et même si nous n'avons jamais été « dangereusement fusionnels », la présence de l'autre donne une stabilité dans le changement.

Il y a deux ans à peu près, quand j'avais quinze ans, on a modifié la façon de vivre en garde alternée.

*La semaine que je prenais chez ma mère, Julien la prenait chez mon père. Et vice-versa. Mon père et ma mère – mon beau-père aussi – en avaient marre de nous entendre gueuler. On était rentrés dans une phase où on avait envie de prendre des chemins différents, de ne plus être « les jumeaux » : on s'est inscrit chacun à un lycée, donc on avait des horaires différents, des amis différents... Ça nous a fait sortir de notre bulle, maintenant on se quitte et on se retrouve quand on veut, c'est-à-dire assez souvent, mais voilà, justement, on se retrouve à volonté, après avoir vécu des choses différentes. On rigole beaucoup, on arrive à discuter longtemps de choses sérieuses sans se prendre la tête parce que l'un veut lire et l'autre éteindre la lumière et des trucs à la noix comme ça.*

*Au départ ça faisait bizarre de ne plus être tout le temps collés, et en même temps c'était un véritable soulagement : on ne devait pas s'attendre pour partir ensemble de la maison, ni rentrer ensemble, ni passer notre temps à dire « non, moi c'est Raph, pas Julien ». Depuis un an, on ne se voit plus, on ne se « vit » plus comme des jumeaux, mais comme des frères du même âge, il y a une nuance. Si mes parents étaient restés ensemble, mon frère et moi serions allés dans le même lycée, et on nous aurait comparés tout le temps, et... je serais quelqu'un de différent !*

*Il n'y a pas eu seulement que les rapports avec mon frère qui ont changé. Depuis un an à peu près, je me suis pratiquement installé chez mon père et c'est* devenu définitif quand mon frère est parti faire des études ailleurs. Pas pour me rapprocher de mon père – j'ai pas mal de soucis avec lui en ce moment, mais ça, c'est un autre débat – mais parce que c'est chez mon père que j'ai toutes mes affaires, pour le lycée, et aussi la télé et l'ordi et surtout… ma chambre personnelle. Rien que pour moi.

L'élément déclencheur, même si je ne m'en suis pas rendu compte tout de suite, a été le fait que le compagnon de ma mère se soit installé chez elle. Ce n'était pas prévu qu'il le fasse si tôt, l'idée c'était qu'il emménage après mon bac, c'est-à-dire à la fin de cette année.

Or il s'est installé chez elle il y a deux ans et logiquement, il était super présent à la maison. J'ai eu un peu de mal à l'accepter, car je n'arrivais pas à m'entendre avec lui. Pas parce que c'était le mari de ma mère, attention, ça m'est égal, mais lui et moi, on était mal à l'aise dans la relation, Et être mal à l'aise chez soi une semaine sur deux, ça pèse. Je ne saurais pas dire pourquoi on ne s'entend pas, mais on n'a pas d'atomes crochus, pas du tout la même vision du monde.

Donc c'est aussi sa présence qui m'a poussé à m'installer chez mon père. Si j'avais vécu chez ma mère seulement, ça aurait été galère. Bon, je crois que j'aurais déménagé pareil chez mon père, mais ça aurait été plus compliqué parce que ça aurait impliqué de changer du tout au tout d'un coup, tandis que là, je n'ai eu qu'à en discuter avec mes parents et en quelque sorte, prolonger la semaine chez mon père.

Ma relation avec ma mère a changé mais moins, parce que j'ai toujours eu un bon rapport avec elle. Avant je me confiais moins à elle, quand j'avais des problèmes je lui en parlais moins. En fait, j'en parlais moins aux gens tout simplement : parce qu'il y avait toujours mon frère pour dire la moitié des choses, ou pour se foutre de ma gueule éventuellement – et moi de la sienne, d'ailleurs. Maintenant, elle m'est plus utile : elle m'encourage quand je stresse à cause du lycée par exemple – contrairement à mon père, qui me met la pression sans pour autant donner des solutions. Ma relation avec mon père n'a que peu changé. Il est très stressé pour ses fils depuis le collège et nous nous engueulons souvent pour la même chose : LES ÉTUDES ! Mais il n'y a jamais eu de problèmes graves : je n'ai pas fugué, on n'en est jamais arrivé aux mains. Alors que je connais des copains pour qui c'est vraiment la guerre ouverte avec leur paternel. Pour moi, tous ces bouleversements liés au divorce, puis à la garde alternée, même s'ils n'ont pas été faciles à vivre sur le coup, ont été très positifs, j'ai l'impression d'avoir une perspective plus ajustée des relations entre les gens. Je sais qu'on peut prendre de la distance, qu'on n'est pas obligé de subir des gens qui ne nous plaisent pas, même si, bien sûr, on doit respecter tout le monde. Mais je sais aussi qu'on a le droit à son espace à soi. Ce qui n'était pas gagné d'avance, étant un jumeau !

**_Amandine, quinze ans, en résidence alternée depuis qu'elle a trois ans. En a eu assez de la garde partagée. Elle est en garde classique depuis deux ans chez sa mère._**

J'avais trois ans quand mes parents se sont séparés, j'ai très peu de souvenirs de leur divorce et je n'ai jamais eu l'impression que cela m'ait traumatisée. Dans mon école, il y avait plein d'enfants dans le même cas : la garde alternée et les familles recomposées, c'était le lot de tout le monde et il fallait juste faire attention à ne pas oublier sa Nintendo quand on changeait de maison. Mes parents ont gardé des relations plutôt cool, au moins devant moi. C'est mon père qui le premier a eu un autre enfant, Ulysse, j'avais sept ans et je n'ai même pas pensé à être jalouse. Pareil quand maman est tombée enceinte deux ans plus tard de Raph.

J'ai donc grandi en passant une semaine chez l'un, une semaine chez l'autre sans trop me poser de questions et je me suis toujours bien entendue avec leurs conjoints respectifs. Puis, l'année dernière, je ne sais pas, j'étais plof. Pourtant, l'année avait très bien commencé, mes parents m'ont beaucoup responsabilisée, ils me laissaient m'organiser, je faisais du volley, j'ai commencé à faire du baby-sitting pour une voisine de maman et je gagnais quelques sous. Ce que je ne pouvais pas faire quand j'étais chez papa. Et il y avait des trucs plus bêtes, mais tout aussi soûlants. Par exemple, avec ma copine Lou, on s'échangeait nos fringues, mais si elle voulait récupérer sa veste en velours, que ladite veste était chez maman mais moi chez papa, je ne pouvais pas lui rendre tout de suite, ça l'irritait et elle avait raison. Mais du coup, on ne se prêtait plus rien pour éviter les embrouilles.

Ou encore, je voulais me faire des raccords sur mon vernis, mais le flacon n'était pas dans la même maison que moi, eh bien, tant pis pour mes ongles. Rien de bien grave, quoi. Mais, je me rends compte maintenant, j'ai eu une période bizarre, je n'arrivais plus à me lever d'un bond, je n'avais pas envie d'aller à l'école, dès que j'avais un peu mal à la tête je demandais à rester à la maison – que ce soit chez papa ou chez maman –, je voulais juste dormir, aucune envie de sortir. C'est ça qui a alerté mon père, parce qu'il passe son temps à se plaindre parce que je saute sur la moindre occasion pour quitter la maison, et tout à coup, je restais le week-end dans ma chambre à écouter de la musique.

Un dimanche après-midi, il est venu me voir et il m'a demandé ce qui n'allait pas. La vérité, c'est que je ne savais même pas de quoi il parlait ! C'est vrai que je me sentais très mélancolique, mais il ne se passait rien. Papa a passé tout en revue : les notes ? Un garçon ? Ma mère ? Ma belle-mère ? Mon beau-père ? Pas de nuage à l'horizon, tout allait bien. Mais quand il m'a dit : « Est-ce que c'est la garde alternée ? », j'ai dit « Mais non, j'aime ça » et j'ai éclaté en sanglots, je *pleurais sans pouvoir m'arrêter. Il en a conclu que ça venait du mode de garde, et moi, j'ai compris qu'en effet, ça ne me convenait plus, parce que dès qu'il m'a dit : « Ne t'inquiète pas, je vais en discuter avec ta mère et on va arranger ça », je me suis sentie soulagée, mais vraiment... soulagée. Je ne m'étais pas rendu compte que ça me pesait autant, même si je ne saurais pas dire au juste pourquoi.*

*Ils ont parlé entre eux et après ils sont venus dans ma chambre chez maman. C'est eux qui ont décidé que j'allais rester chez elle, c'était bien que ce soit eux, je ne savais pas vraiment ce que je voulais faire, et je n'aurais pas été capable de décider. Eux, ils ont pensé que comme j'étais une fille, et que j'étais adolescente, j'avais plutôt besoin d'une présence maternelle. Comme mon père est très pudique, je crois aussi qu'il y a des choses qu'il préfère laisser ma mère gérer. Ce n'est pas lui qui me l'a dit, c'est une impression que j'ai. On ne parle jamais des garçons, par exemple, ou très peu, je sens qu'il y a des choses qu'il préfère ne pas savoir, et ça me convient, je ne pourrais pas tout lui dire, ce sont mes choses à moi, même si parfois j'ai envie de me confier pour savoir ce qu'il pense de ce qui m'arrive. D'ailleurs, je me demande comment ça aurait été si mes parents étaient restés ensemble, ils sont si différents...*

*Avec ma mère qui pense qu'on peut tout dire et qui crie à tout bout de champ et mon père qui est très réservé, je ne sais pas comment j'aurais fait. Ni eux.*

*C'est carrément inimaginable ! Et je n'aurais aucun de mes demi-frères ni ma sœur ! C'est la seule chose que je regrette de la résidence alternée, c'est que je ne peux pas être avec tout le monde à la fois.*

*Ce qui a été bien aussi, c'est que mes parents ont vu qu'il y avait un problème et qu'ils l'ont réglé, même avant que je me sois rendu compte que j'avais un souci. C'est cool, ça. Et c'est bien que ce soit mon père qui l'ait vu, et qu'il ait compris que ça n'avait rien à voir avec lui, ni avec ma belle-mère, que c'est un truc qui m'arrive à moi, dans ma tête. C'est bien de savoir qu'il est capable de parler comme ça, si ouvertement, alors qu'il est si pudique, si réservé. Même si de ce côté-là, je ressemble plus à ma mère, c'est pour ça que c'est bien d'être chez elle plus souvent, je peux dire tout ce qui me passe par la tête, je suis plus « nature » quand je suis avec elle, ça a dû influer dans mon besoin de changer, maintenant que j'y pense.*

*En plus, le collège est dans son quartier, et toutes mes copines sont là, je peux rester plus tard chez Lou en semaine, ou on s'envoie un message et on se retrouve pour aller boire un café ou manger une glace, c'est cool, ça aussi.*

*Le nouveau rythme, chez maman et voir papa un week-end sur deux, me va bien, je l'appelle s'il me manque, ou je passe voir ma petite sœur qui va avoir un an et qui est vraiment à croquer. En fait, la seule chose qui me manque c'est de ne pas voir plus souvent Ulysse et ma petite sœur. Je me suis demandé à un* moment si je n'allais pas demander d'être deux semaines chez maman et une chez papa, mais non, finalement, je suis très bien comme ça.

*
**

**Hadrien, seize ans, en résidence alternée depuis ses sept ans estime que ses parents ont bien expliqué la situation, à son frère et à lui, que c'était clair, net, organisé et qu'il n'a pas eu le temps d'avoir peur.**

Quand mes parents se sont séparés, on a installé la résidence alternée très vite après, enfin, dès que mon père a trouvé un appartement où il y avait de la place pour mon frère aîné et moi. Tout allait de soi très vite, c'était un kit : on-se-sépare-mais ça-va-être-facile-on-va-emménager-près-l'un-de-l'autre. C'était comme s'ils avaient fait ça toute leur vie !

C'était surtout ma mère qui prenait les choses en main, peut-être parce que c'est elle qui est partie et que les choses étaient plus claires aussi pour elle.

Quand on posait des questions, elle avait toujours une solution à la clé. Elle nous a beaucoup parlé, elle expliquait et réexpliquait : qu'ils se quittaient entre eux, mais qu'ils restaient nos parents, puis que nous allions passer autant de temps avec elle qu'avec mon père. Elle a pas mal insisté sur le fait qu'on allait pouvoir les voir autant l'un que l'autre, mais ils ne nous ont pas demandé si on était d'accord, et moi-même je ne me suis pas posé la question, je leur faisais confiance, s'ils l'avaient décidé, c'était que c'était la meilleure solution. Plus petit, à quatre ans par exemple, j'aurais sûrement voulu rester avec ma mère. De toute façon, à sept ans, on te dit quoi faire, puis tu le fais, c'est tout.

Mais j'ai trouvé bien tout de suite l'idée d'être avec les deux en alternance, de façon instinctive, je trouvais logique la présence égale des parents, autant de temps-père que de temps-mère…

Je n'ai même pas eu le temps d'avoir des craintes, même si j'étais tout de même bien secoué. Il y avait de quoi, parce qu'on n'avait rien vu venir et puis, d'un jour à l'autre, en trois mois, boum ! : divorce, déménagement, changement d'école.

Je n'aurais pas su le formuler comme ça à l'époque, mais ce qui me rassurait, ce que je voyais c'est qu'ils ne nous laissaient pas tomber, ils nous expliquaient ce qu'on allait faire, on sentait qu'ils contrôlaient la situation.

Parce qu'il y a des cas, j'ai vu chez des copains, c'est genre « Y a-t-il un pilote dans l'avion ? ». Pour un môme, c'est vachement rassurant. Ils ont vraiment préparé le terrain et nous n'avions pas à nous prendre la tête, c'était clair, direct.

Du coup, le choc de la séparation était amorti parce qu'ils prenaient des décisions ensemble, on sentait qu'ils étaient synchros par rapport à nous. Je pense que c'est ça, le plus important pour les enfants quand les parents divorcent, qu'ils voient que leurs parents se bougent pour eux, qu'ils ne les laissent pas tomber. C'était, genre... « le front parental », mon père n'a pas fait d'histoires, ma mère n'a pas fait d'histoires, et ça limite carrément les dégâts.

On nous a créé une nouvelle routine tout de suite, on n'a même pas eu le temps de voir que ça s'était cassé la gueule, qu'on avait déjà le pied à l'étrier. Nous sommes partis sur le rythme une semaine sur deux, mais avec les mercredis chez le parent chez qui on n'était pas. Je crois que ça, c'est venu un peu plus tard, c'est mon frère et moi qui l'avons demandé, mais ce n'était pas pour voir nos parents, c'était... technique. Enfin, matériel : chez ma mère nous avions l'ordinateur et chez mon père la télé, c'était pour pouvoir profiter de nos affaires, pas vraiment parce que nos parents nous manquaient. Ils ne nous manquaient pas, parce que c'était comme s'ils étaient là tout le temps.

Puis, les changements de maison, c'était carrément facile. On trouvait vachement cool qu'ils se soient débrouillés pour rester près l'un de l'autre, surtout quand on parlait avec les copains, je me rendais compte que c'était vraiment de la chance, eux, ils avaient un arrondissement d'écart, et à Paris, ça va *très vite, les distances. Nous, c'était juste à côté ! Je me rends compte maintenant que ça n'a pas dû être facile, de se trouver des apparts si proches dans ce quartier. Que mon père déteste, d'ailleurs, il nous a dit que dès qu'on sera indépendant, il change d'arrondissement. Et donc notre quotidien n'a pas tellement changé : hormis qu'il y avait deux maisons, c'était simple, car à sept ans, ce qui est compliqué ce sont les changements que ça induit, prendre le métro tout le temps, par exemple, je n'aurais pas aimé...*

*Mais j'aurais préféré galérer dans le métro que ne pas vivre avec mes deux parents. Même quand c'est un peu compliqué, il faut se débrouiller pour être en garde alternée.*

*Et puis, moi j'aimais bien avoir deux maisons, il y avait un côté bonus, marrant, j'étais même fier d'avoir deux maisons. De toute façon, si c'est structuré dans la tête des parents, c'est structuré dans la tête des enfants.*

*Par exemple, pendant la période de flou qu'il y avait eu entre la rentrée et Noël, pendant les trois mois où mon père n'avait pas encore trouvé d'appart et que nous ne vivions qu'avec notre mère, mon père avait pris juste un petit studio minable, que je n'aimais pas, et il passait nous voir chez ma mère. Ça me mettait très mal à l'aise, je ne comprenais pas bien, c'était comme si on avait juste déménagé et qu'ils ne s'étaient pas séparés, ça ne m'allait pas. On nous avait tout expliqué super bien, mais ils faisaient autre chose, c'était comme s'ils nous avaient fait une mauvaise blague. Alors que, vraiment, ils ne pouvaient pas faire plus vite, mais quand on est petit le temps paraît plus long.*

*À un autre niveau, la garde alternée m'a appris des choses sur eux. Avec l'alternance, j'ai eu le temps d'avoir mes parents chacun de leur côté, de plus parler avec chacun d'eux sans la présence de l'autre, ça m'a permis de me faire une opinion d'eux en tant que personne. C'est ça : avec la garde alternée, chaque parent devient une personne à part entière, ça devient moins « les parents », on découvre « Jean » d'un côté, qui est d'une façon, et « Caroline » d'une autre. On discute avec l'un ou l'autre, pas avec les deux à la fois tout le temps, comme quand on était les quatre ensemble.*

*Ça permet de grandir plus vite, on se fait plus vite une idée de ce qu'ils sont, on prend plus de distance. Ça enlève l'écran « entité » et ça change le rapport à l'enfant. Il se rend compte plus vite que les autres enfants que ses parents ne sont pas des modèles, et c'est bien, parce que de toute façon il va falloir s'en rendre compte un jour. On prend du recul par rapport aux parents et ça aide à réfléchir par soi-même.*

*C'est vrai qu'on a quand même l'impression d'avoir été bousculé, mais le vrai choc c'est le divorce, pas le mode de garde. La garde alternée ça répare, je l'ai vécu comme ça. Je vois ça chez mes potes, ceux qui sont en alternée sont mieux dans leur peau, leurs* parents se prennent moins la tête. La garde alternée est juste un truc auquel il faut s'habituer, mais de la même manière qu'on doit s'habituer à vivre avec un seul parent, j'imagine.

Et je trouve que c'est mieux d'être en alternée, c'est ce qu'il y a de mieux, parce que ça recrée l'ambiance d'avant : les choses sont pareilles mais avec deux maisons, alors que si on ne vit qu'avec un seul parent, c'est comme si lui seul existait. Si j'avais vu par exemple ma mère au quotidien et mon père beaucoup moins, j'aurais vraiment senti la différence, ça aurait été comme si moi aussi je divorçais de mon père.

D'ailleurs, pendant cette période de quelques mois où mon père était dans un petit studio, je l'ai moins vu et il a commencé à être dans le flou, comme si je le voyais de loin. Ça me dit, moi, ce qu'aurait été pour moi de ne le voir qu'un week-end tous les quinze jours. Je me rappelle quand il a pris enfin un appart normal où on pouvait venir s'installer : j'étais soulagé, c'était vraiment des retrouvailles.

La garde alternée garde le côté symbolique des deux parents, et pas que symbolique : on les voit tous les deux pour de bon.

Si les parents sont en garde alternée c'est qu'ils arrivent à s'entendre un minimum, ça nous dit, à nous, les enfants, que la maison n'est pas trop cassée.

# 6. L'AVIS D'UN JUGE
## AUX AFFAIRES FAMILIALES

**Danièle Ganancia est juge aux affaires familiales (JAF) et vice-présidente au tribunal de grande instance de Paris. Elle est vice-présidente de GEMME-France, le Groupement européen des magistrats pour la médiation. Elle est l'auteure de plusieurs livres, dont *La Médiation familiale internationale, la diplomatie du cœur dans les enlèvements d'enfants*[1].**

*Le conflit entre les parents n'est pas un obstacle à la mise en place d'une résidence alternée*

On le sait, l'un des principaux arguments de ceux qui ne veulent pas mettre en place une résidence alternée, c'est : « Ce n'est pas possible, car

---

1. D. Ganancia, *La Médiation familiale internationale, la diplomatie du cœur dans les enlèvements d'enfants*, Érès, 2007.

nous sommes en conflit, ça ne peut pas se faire. » Je pense que le conflit entre les parents n'est pas un obstacle. Le conflit des parents, ça se travaille. Et justement, ça se travaille en médiation. Ce serait trop facile pour celui qui s'oppose à l'alternance d'alimenter le conflit, ce serait une prime pour lui. Cette argumentation « On est en conflit, on ne peut pas installer la résidence alternée » doit être absolument réfutée, par les juges en premier lieu. D'ailleurs, il y a une jurisprudence qui commence à être abondante à ce sujet. La plupart des magistrats du second degré – cour d'appel – semblent d'accord sur le fait que : « Sauf lorsqu'il est particulièrement exacerbé, le conflit parental ne constitue pas un obstacle à une mesure de résidence alternée. »

*Quand les conditions sont réunies pour la résidence alternée et que l'un des parents s'y oppose, la médiation s'impose*

Parfois, à l'audience, on s'aperçoit que les conditions de la résidence alternée sont réunies : les parents habitent près l'un de l'autre, ils ont les mêmes capacités éducatives, l'enfant a un lien très fort ou égal avec les deux, d'ailleurs les enfants aussi adhèrent à cette idée. Mais l'un des parents, le plus souvent la maman, s'oppose à la garde alternée et réclame la résidence principale.

Dans ce cas-là, le juge peut imposer la résidence alternée et l'article 373-2-9 du Code civil le dit sans ambiguïté : « À la demande de l'un des parents ou en cas de désaccord entre eux sur le mode de résidence de l'enfant, le juge peut ordonner à titre provisoire une résidence en alternance dont il détermine la durée. Au terme de celle-ci, le juge statue définitivement sur la résidence de l'enfant en alternance au domicile de chacun des parents ou au domicile de l'un d'eux. » C'est à ce moment-là que l'indication de la médiation familiale s'avère le plus utile, et le juge peut le faire en même temps qu'on met en place une résidence alternée pour une durée provisoire.

Quand le juge utilise cette possibilité, c'est en quelque sorte une expérimentation. Il est alors plus prudent, pour éviter les dérapages, de l'accompagner d'une médiation.

Et aussi, dans les cas où la résidence alternée ne s'impose pas absolument, soit parce que les parents ne sont pas d'accord, soit parce que le juge n'est pas certain de la pertinence ou des résultats, il serait impératif de mettre en place une médiation, car cela poussera justement les parents, bien qu'obligés par le juge, à se parler et à négocier pendant ce temps-là, et il est important de leur fournir un lieu où ils vont pouvoir réfléchir sur les besoins des enfants, leur organisation, leurs rôles parentaux, leurs emplois du temps… Bref de l'organisation concrète du quotidien de l'enfant : disponibilité de chaque parent, rythmes de l'enfant, etc.

Chaque fois que j'ai ordonné une médiation pour accompagner une résidence alternée imposée, j'ai vu revenir les parents avec un accord.


## *La double convocation, j'y crois*

J'ai voulu impulser la médiation au tribunal de Paris et la développer, car il y a une dizaine d'années, très peu de juges y avaient recours. À mon arrivée en 2006 dans le service du JAF – juge aux affaires familiales à Paris –, j'ai proposé des actions concrètes. La première étape a été de sensibiliser mes collègues : même s'il n'existait pas une opposition de principe, les JAF étaient relativement sceptiques quant à l'efficacité de la médiation. À partir de janvier 2007, nous avons mis en place une permanence d'information sur la médiation dans les locaux du tribunal les jours de plus grand nombre d'audiences.

Le juge pouvait ainsi inciter les parents : « À mon avis votre cas relève de la médiation, allez vous informer, c'est à l'étage au-dessus, et revenez me dire si vous acceptez la médiation ou pas. » Cela s'est avéré extrêmement utile, car le médiateur a beaucoup plus le temps que le juge de démêler les besoins et les attentes des parents.

Dans une deuxième phase, nous avons organisé ce qu'on appelle « la double convocation » : c'est-à-dire, lorsqu'un parent dépose une requête, si ce dossier relève de la médiation, les deux parents sont invités à se rendre à un entretien d'information sur la médiation, toujours dans les locaux du tribunal, préalablement à la première audience. Les personnes s'y prêtent d'autant plus que cela ne ralentit pas leur affaire, car elles savent qu'elles seront ensuite reçues par le juge. Souvent les personnes trouvent un accord avant la première audience. La médiation met les parties sur une autre orbite, dans un autre état d'esprit. Même s'ils ont refusé la médiation, une fois informés, ils sont davantage ouverts au dialogue et le juge parvient plus facilement à une conciliation.

Entre 2007 et 2008, il y a eu 67 % d'augmentation d'injonctions à rencontrer un médiateur familial prononcées par les juges. Cela veut dire qu'aujourd'hui la médiation familiale fait partie du paysage des juges aux affaires familiales.


### *Les avocats adhèrent de plus en plus à la médiation*

Il y a dix ans, les avocats ignoraient ce qu'était la médiation familiale, mais on peut dire désormais qu'ils y adhèrent pour la plupart, et aujourd'hui, il y a nombre d'occasions où ils sont à l'initiative de la demande de médiation. Ils savent que c'est dans l'intérêt de leurs clients, car c'est la seule solution pour apaiser un conflit, pour le maintien des liens familiaux et des relations correctes entre les membres de la famille, dans l'intérêt des enfants mais aussi de chacun, car chaque parent pourra reconstruire sa vie plus facilement s'il n'est pas « dévoré » par le conflit. Ils sont aussi très conscients qu'une solution uniquement juridique n'est pas une solution globale ni une solution d'avenir ; ils savent qu'il faut également rétablir la communication et les liens.

Car si la décision du juge n'est pas accompagnée de la façon la plus intelligente et la plus construc-tive possible, le conflit peut continuer, et c'est une violence qui prend les enfants en otage, qui génère des souffrances colossales. L'enfant finit par choisir un parent parce qu'il ne peut plus supporter l'écar-tèlement et il est amené à rejeter l'autre parent, celui chez lequel il ne vit pas.

*Un juge est un professionnel du droit, le médiateur est le professionnel de la relation*

La solution pour que ces enfants pris dans l'étau du conflit s'autorisent à aimer leurs deux parents passe très souvent par la médiation. Il est vrai que l'enfant a le droit d'être écouté par le juge d'après la loi de 2007, mais il est très impressionnant pour un enfant de se trouver devant un juge. Pour ma part, je préconise qu'il soit entendu prioritairement en médiation, si possible, au lieu de le mettre de façon brutale dans l'arène judiciaire.

D'ailleurs, j'ai été la première à l'avoir suggéré dès que la loi sur l'audition de l'enfant est arrivée. Pourquoi ? Parce que j'ai constaté que l'enfant pouvait exprimer son point de vue plus librement en médiation, car c'est moins impressionnant pour lui. Et la parole de l'enfant au cours de la médiation va permettre aussi aux parents d'utiliser – au bon sens – ce qu'il dit pour parvenir plus facilement à des accords. Si en médiation l'enfant dit : « J'ai besoin de voir mon papa dans telles conditions, alors qu'aujourd'hui ça se passe mal », à partir de là, les parents et l'enfant vont pouvoir travailler dans l'espace de médiation sur les besoins de l'enfant.

Alors que si l'enfant dit au juge : « Je ne veux pas voir mon père », même si le juge peut comprendre quels enjeux il y a derrière, il n'a pas les moyens de travailler sur ses besoins avec le parent, ce n'est pas dans ses possibilités. Le médiateur, lui, c'est son rôle. Le médiateur est le professionnel de la relation, les juges et les avocats sont les professionnels du droit.

Et je pense que les médiateurs devraient faire participer l'enfant le plus possible au processus de médiation. Certains sont encore très réticents à entendre l'enfant en disant : « Nous ne sommes pas là pour entendre les enfants, nous sommes là pour aider les parents à prendre une décision. » Ce n'est pas contradictoire !

Les parents ne pourront pas prendre de bonnes décisions tant qu'ils n'auront pas pris conscience des besoins de l'enfant. Sinon, un parent dit de l'enfant : « Il m'a dit qu'il veut rester avec moi », et l'autre « Mais non, il m'a dit qu'il voulait rester avec moi. » Si l'enfant ne participe pas à la médiation, cela peut durer des années, pendant lesquelles l'enfant est pris dans un conflit de loyauté entre les deux parents.

Écouter les enfants demande bien sûr un grand travail de la part du médiateur, c'est une compétence particulière et affinée, c'est un art, d'écouter les enfants. Je suis profondément convaincue que les médiateurs sont tout aussi compétents, voire plus, que les juges, pour détecter leurs vrais besoins.


## *Synergie dans la chaîne judiciaire*

Pour qu'un tel système fonctionne, il faut évidemment qu'il existe une grande confiance entre les juges, les avocats et les médiateurs, que les avocats ne craignent pas que les médiateurs leur fassent perdre leur client, que les juges aient confiance dans les médiateurs avec lesquels ils travaillent.

Les résultats quantitatifs des médiations ne peuvent être chiffrés, faute d'outils statistiques, mais disons qu'on arrive environ à 30 % d'accords, écrits ou verbaux, pris en médiation. Mais on ne peut pas se baser uniquement sur les accords. Généralement, après une médiation, les parties reviennent plus apaisées, plus ouvertes à une solution amiable et, dans la majorité des cas, le juge parvient à une conciliation, en prenant une décision recueillant l'adhésion des parties.

Dans de nombreuses situations, même s'il n'y a pas d'accords, des avancées sont constatées en termes de reprise de dialogue entre les parents, voire de rétablissement de liens parents/enfants. Selon une étude de l'Union européenne, 90 % des personnes ayant participé à une médiation l'ont estimée utile.

Cependant, la médiation ne peut pas reposer sur l'initiative de quelques juges dans les juridictions, sinon elle disparaîtra avec leur départ. Il faut l'institutionnaliser, avec des structures d'organisation, de repérage, et de traitement des affaires susceptibles d'aller en médiation. Il est nécessaire d'instaurer une politique concertée, avec une impulsion de la hiérarchie judiciaire et des actions de sensibilisation (coopération des barreaux, des juges, des greffiers et des médiateurs). En Grande-Bretagne, le juge peut même sanctionner la partie qui refuse la médiation « de façon déraisonnable ».

### Des différences d'appréciation des accords de la médiation selon les sexes

D'après une enquête commanditée par la CNAF pour évaluer la satisfaction des bénéficiaires de médiation sur les effets de celle-ci, les femmes sont légèrement plus satisfaites des effets relationnels de la médiation que les hommes. Elles jugent plus souvent que la médiation leur a permis d'échanger sur des sujets restés non exprimés jusque-là – partage de tâches, de l'argent, défaut de communication – et de comprendre les dysfonctionnements de leur couple. Les hommes sont plus satisfaits que les femmes des résultats de la médiation sur les aspects financiers – ils seraient rassurés sur les exigences de leurs futures ex-femmes ou la façon de distribuer les ressources du couple après la séparation.

À l'inverse, les femmes sont plus satisfaites en ce qui concerne les aspects organisationnels, notamment l'organisation des vacances et de la résidence des enfants. Ainsi, l'attribution des rôles de chacun dans la sphère domestique persiste dans la satisfaction à l'égard des résultats de la médiation. L'appréciation globale des accords montre également des différences sexuées nettes. Les femmes sont moins nombreuses que les hommes pour qualifier les accords de « solution équitable ». En revanche, elles jugent plus souvent que ces accords sont une solution satisfaisante, dans le sens qu'ils offrent au moins une issue au conflit.

Source : CNAF – Enquête médiation familiale dans les services en gestion directe CAF, vagues 2006 et 2007.

# 7. Du côté des pères

**Alain, trente-neuf ans, deux enfants, Arthur, douze ans, Augustin, huit ans. Séparé depuis sept ans, en résidence alternée depuis six ans. A habité deux ans en colocation avec un papa, séparé avec un enfant.**

Dès qu'on a décidé avec mon ex qu'on allait mettre en place la garde alternée, je me suis mis à chercher un appartement apte à recevoir les enfants la moitié du temps, et juste à ce moment-là, j'ai croisé Fred, un vieux copain de la fac qui se trouvait dans la même situation. Lui, il avait peur des tête-à-tête « sinistres », comme il disait, avec sa fille.

Je lui ai proposé de devenir mon colocataire : on pourrait caler nos gardes, profiter d'un plus grand espace et proposer à nos enfants un quotidien plus joyeux.

J'avais pas mal morflé pendant les mois qui avaient suivi la séparation, et je ne voulais surtout pas polluer mes enfants avec mes états d'âme.

Il faut dire que, quand ma compagne m'a quitté, on venait de signer pour un appart... Autant dire que je suis tombé de très haut, même si on se disputait et que tout n'était pas rose dans notre histoire. Ariane m'a laissé le choix entre garder l'appartement que nous occupions alors et garder les enfants, ou bien qu'elle parte avec les enfants. Elle estimait que la moindre des choses, c'était de me laisser le choix, puisque c'était elle qui partait. Fred, d'ailleurs, n'en revenait pas, il disait que mon ex devait venir d'une autre planète. Lui, il avait dû vraiment se bagarrer pour avoir sa fille.

Finalement, on a décidé qu'elle restait dans l'appartement avec les garçons, qui avaient alors trois et cinq ans. Je ne me sentais absolument pas capable de les assumer après le choc de la séparation et tous les deux estimions qu'il ne fallait pas leur imposer un déménagement en plus de la séparation.

Je me suis trouvé un petit appart dans le même quartier, pour rester près d'Arthur et Augustin. Qui me servait surtout de garde-meuble. J'allais souvent chercher les petits pour les amener à l'école, et je dînais dès que je pouvais avec eux trois, dans notre ancien appartement, dans mon ancienne cuisine... Ariane m'avait dit de passer quand je voulais. Mais pour moi, la normalité, c'était le foyer familial, je m'accrochais à mon ancienne peau, je vivais au milieu des ruines... Et je paniquais.

J'ai songé à changer de ville. Pour commencer, j'ai accepté une mission dans le Sud, pensant que prendre de la distance me ferait du bien. Un soir, un collègue m'a raconté qu'il était passé par la même chose que moi et que, depuis le divorce, sa fille prenait le TGV un week-end sur trois... et appelait papa le nouveau compagnon de son ex. Sans le savoir, ce mec a changé ma vie.

L'idée de vivre ça avec mes fils me hérissait. J'avais un mal fou à réconcilier mon idée de la paternité et ma situation de père divorcé. Pour moi, faire des enfants n'était pas une fin en soi, c'était un acte d'amour, qui avait du sens uniquement dans le cadre de ma relation avec Ariane. Donc du coup, lorsque je me suis retrouvé seul avec mes enfants, ce sens manquait. Je me suis toujours levé la nuit et j'ai changé des kilos de couches, mais pouponner ne m'a jamais enchanté, je ne me suis jamais reconnu dans l'image du « nouveau père ».

Lors des premiers week-ends après la séparation, je me sentais coincé avec mes mômes, je trouvais ça incongru. Et je remplissais le week-end d'activités – rollers, escalade – pour noyer le poisson. Mais en écoutant mon collègue j'ai réalisé que je ne voulais pas aller chercher les enfants une fois par mois à la gare, que je tenais à faire partie de leur quotidien et non pas seulement filer une pension à Ariane : j'avais *l'impression de payer une nounou. Peu à peu, je me suis rendu compte que je les aimais très fort, et c'était une merveilleuse nouvelle. Pour la première fois depuis la séparation, je me sentais bien dans mes pompes.*

*J'ai quitté le Sud, je suis remonté près d'Ariane et je lui ai demandé qu'on mette en place la résidence alternée. Elle a résisté, elle trouvait les garçons trop petits. Je lui ai laissé le temps de s'habituer à l'idée, j'étais bien placé pour savoir comme c'est difficile de s'imaginer ne pas vivre au quotidien avec les enfants ! Je ne voulais pas qu'elle souffre parce que mes enfants ne pourraient aller bien que si leur mère allait bien.*

*Finalement, nous nous sommes accordés pour commencer la garde alternée à la rentrée des classes, c'est-à-dire six mois plus tard. On a expliqué aux enfants comment et pourquoi, mais on leur a aussi demandé de dire si quelque chose leur posait problème.*

*C'est à ce moment-là que je me suis mis en coloc' avec Fred. L'arrangement, qui devait être temporaire, a duré à peu près deux ans. Et ça s'est très bien passé : nous avons trouvé un bon système de fonctionnement, lui était plutôt cuisine et ménage, moi, plutôt courses et linge. Mais on a pas mal tâtonné au départ. Fallait-il avoir les trois enfants en même temps ou faire une alternance dans l'alternance ? Avoir les enfants en même temps, c'était plus festif, mais aussi plus sport ! Faustine et Arthur s'entendaient à merveille, mais avec Augustin, c'était « je t'aime moi non plus ». Même si, en tant qu'adultes à charge, on essayait d'être justes, il m'arrivait de trouver que Faustine était une peste et que son père lui laissait tout faire, et je sais que Fred trouvait mes garçons « bruts de pomme » – il n'aurait pas osé les traiter de « petits cons ».*

*Mais de façon tacite, ni lui ni moi n'avons jamais critiqué la façon de faire de l'autre. Pas évident, parfois, mais je pense que nous étions tous les deux de bonne composition.*

*Quand on était décalés, il y avait des mômes constamment à la maison – Faustine se réveillait à 6 h 30 chaque jour, week-end ou pas – mais c'était aussi plus reposant, pour eux comme pour nous, de ne pas être tout le temps fourrés ensemble, alors qu'ils ne s'étaient pas choisis et qu'ils n'étaient même pas de la même famille.*

*Comme Fred et son ex-femme changeaient assez souvent de rythme, l'alternance entre Faustine et les garçons se faisait un peu au hasard. Quand ils se retrouvaient à trois, ils étaient contents, et quand ils étaient seuls avec moi, aussi. J'ai des enfants très cool.*

*Fred et moi avons eu à cœur de ne pas baser la cohabitation sur notre identité de mec largué et malheureux, on léchait nos plaies discrètement... Ce qui est sûr, c'est qu'on s'en sortait mieux que lorsque nous habitions seuls et que sur les deux ans, on a bien trouvé notre compte dans « le kibboutz »... On amenait les enfants à l'école à tour de rôle, ensuite,* pour aller les chercher, on s'arrangeait, il est arrivé qu'Ariane s'occupe des trois si elle voulait voir les enfants et si j'avais dit à Fred que je le dépannais, c'était l'avantage de la proximité géographique. On habitait à cinq minutes à pied de chez Ariane.

Pour les frais, je payais un peu plus que lui puisque j'occupais une chambre de plus, les factures, c'était moitié-moitié, et pour les courses, on faisait des comptes à la fin du mois. À l'époque, la CAF venait de commencer à partager les allocs pour les parents en résidence alternée, mais on s'est dit qu'on allait trop se prendre la tête avec notre situation, et ce sont les mères qui les ont eues.

Pour moi, ça a été une période de transition très bénéfique.

Aujourd'hui, j'ai une compagne avec laquelle je n'habite pas, même si elle passe beaucoup de temps chez moi. Mes relations avec Ariane sont très bonnes, on essaie de faire quelque chose à quatre, avec les enfants, au moins une fois par mois. Nous avons inventé au fil des années une vie de famille – les anniversaires, les matchs des garçons, le bouquet de la fête des Mères – même si elle est un peu atypique. Notre entourage ne comprend pas toujours, on nous suggère de faire une coupure plus nette, on nous dit que les enfants doivent être troublés de nous voir ensemble. Au début, je me posais des questions, mais j'ai fini par m'en moquer. Nous n'entretenons pas nos enfants dans l'illusion, et ils adorent Gaëlle, ma compagne.

*Pour être sincère, je serai toujours orphelin de ma vie « rêvée » avec Ariane et nos enfants, il n'y a pas que les filles qui croient à « et ils vécurent heureux à jamais »... Mais la vie est longue, et mes enfants grandiront en se disant que le couple peut finir, mais qu'on peut aussi conserver des liens, un attachement, une proximité, une famille ou quelque chose de ce genre, vous appellerez ça comme vous voudrez.*

**Cyril, quarante-quatre ans, papa de Claudia, douze ans, en résidence alternée depuis six ans. Sans heurts.**

*Je suis agrégé de sport, Christine, mon ex, est une femme d'affaires très active. Nos rythmes n'ont rien à voir. Quand Claudia est née, Chris a aménagé ses horaires, mais elle ne s'est accordé qu'un mois de congé. Moi je m'occupais de notre fille autant que possible, c'était la répartition des tâches la plus logique, et surtout, j'adorais le faire. Quand nous nous sommes séparés parce que Chris avait retrouvé son amour d'adolescence, on s'est disputés très violemment et des reproches – et même des DVD – ont volé dans tous les sens, mais on était tous les deux d'accord qu'il fallait protéger au maximum notre fille qui avait alors cinq ans.*

*C'était en 2004, je crois que le juge a proposé un droit de visite élargi, à vrai dire, je ne me suis pas vraiment penché sur la question, je faisais confiance à Chris pour me laisser voir ma fille aussi souvent que possible. La question de la pension ne s'est pas posée, Chris a beaucoup plus d'argent et de patrimoine que moi et elle a dit à son avocate – une copine de fac – de faire comprendre au juge qu'il ne fallait pas perdre du temps là-dessus.*

*Notre système était le suivant : la résidence officielle de Claudia était fixée chez Chris, qui était notre appartement commun mais qui lui appartenait, et j'y allais pratiquement chaque matin pour prendre le petit déj avec ma fille et l'amener à la maternelle. Le plus offusqué était son nouveau conjoint qui devait « se taper » l'ex le matin, mais Chris lui a fait comprendre que c'était temporaire, et surtout, pas négociable. Du coup il partait très tôt.*

*La situation était peu confortable pour les adultes, certes, mais on avait l'impression que Claudia était rassurée, donc on a continué. Je voyais ma fille chaque jour, et les week-ends, je la prenais le samedi matin et la ramenais le soir. On partait voir ma mère à la campagne, on allait au parc, ou on restait faire des puzzles dans mon appart – appart que Chris m'a aidé à trouver à un prix très avantageux parce qu'elle a un cabinet immobilier.*

*Assez vite, en fait, Claudia a demandé à rester dormir chez moi, donc à sa rentrée en CE1 on était passé presque sans nous en rendre compte en résidence alternée, mais même la semaine où je ne l'avais pas, je continuais de temps en temps à aller la chercher le matin, on aimait bien tous les deux, et j'ai des horaires assez confortables.*

*Quand Chris est tombée enceinte de son nouveau mari, j'ai passé un peu plus de temps avec ma fille, qui n'a eu aucun souci à « laisser maman se reposer ». En revanche, elle était si éprise de sa petite sœur que pendant quelques mois, j'ai accepté qu'elle passe moins de temps avec moi pour qu'elle puisse rester près du bébé.*

*On a repris le rythme en alternance peu à peu, et ensuite, lorsque Chloé — la petite sœur — est devenue assez grande, elle venait parfois chez moi, comme elle serait allée dormir chez une copine ou chez une cousine. Le plus grand problème, encore une fois, c'est le conjoint de Chris, qui ne comprend pas mon intérêt à « m'occuper d'un enfant qui n'est pas à moi », ce qui m'inquiète toujours un peu, parce que j'en déduis que Claudia ne l'intéresse pas beaucoup... Je me dis qu'après tout, il n'est pas son père et il est affectueux avec elle, à la façon d'un ami de la famille. Il ne comprend peut-être pas qu'en m'occupant de sa fille, je rends heureuse la mienne. Et franchement, il est plus simple de garder deux enfants qui jouent et se « neutralisent » que d'amuser tout seul la miss.*

*Aujourd'hui, Claudia va avoir douze ans et Chloé a sept ans. Ma fille est contente de venir à la maison seule, de jouer les grandes avec moi et elle s'entend très bien avec ma nouvelle compagne, qui a des enfants déjà adultes et qui me laisse être père comme je l'entends et même trouve cela admirable parce que le père de ses enfants a toujours été aux abonnés absents.*

*J'aurais du mal à vous dire quels problèmes on a dû surmonter, je n'ai pas l'impression qu'il y ait eu de véritables soucis. Des dates de vacances qui coïnçaient parfois : on s'arrangeait, sans doute parce qu'on vit dans une ville de taille moyenne en bord de mer et que nous sommes bien entourés par nos familles respectives.*

*Si Chris et moi voulions nous libérer à la même date, il y avait toujours des grands-parents contents de passer une semaine avec leur petite-fille, qui allait se baigner tous les jours. Je sais aussi que j'ai râlé parfois parce que notre fille était trop gâtée matériellement, des jouets, des vêtements et maintenant des gadgets électroniques dernier cri, mais elle a une solide base d'amour, et elle est très sensée. Je trouverais indécent de me plaindre…*

**Greg, quarante ans, séparé depuis six ans, papa de Galatée, huit ans, en résidence alternée depuis le divorce. Il a tout fait pour qu'il y ait de la fluidité et de la souplesse dans l'organisation.**

*Une semaine sur deux, c'est lourd, c'est du concentré. Mais en même temps, c'est léger, on n'a pas à décider avec l'autre parent si c'est ciné ou parc, si on va chez mes parents ou chez les siens, on partage le « tronc commun » de l'éducation avec l'autre, mais on est maître de ces détails qui suscitent au quotidien des négociations qui, moi, m'agacent terriblement.*

*Et il ne faut pas avoir honte de « souffler », de se sentir bien la semaine sans enfant. Je crois que la semaine où on est seul, on a tous expérimenté au moins une fois le soulagement à l'idée qu'il ne fallait pas préparer un dîner décent, qu'on pouvait fumer avec le café le matin dans la cuisine — ce que je m'interdis quand ma fille est là — ou rentrer tard sans mauvaise conscience parce que la petite reste encore avec la baby-sitter.*

*J'ai compris aussi que je pouvais m'affranchir des « instructions » de mon ex. Je peux décider ce que Galatée mange, à quelle heure elle se couche, quelles fringues elle va porter. Un jour, elle m'a fait une remarque : « Tu l'habilles mal, c'est mal assorti. » Je ne me suis pas senti pris en défaut comme je l'aurais été avant : les vêtements étaient chauds, propres et à sa taille. Quelle importance ? J'ai répondu : « Elle a* quatre ans et elle les a choisis toute seule. » Elle a reconsidéré la question et m'a répondu : « Tu as raison, après tout. »

Je faisais en sorte que ma semaine soit totalement différente de la semaine chez Gloria, la mère de Galatée. La tentation de la toute-puissance était grande… Heureusement, Clémence, une copine divorcée, m'a donné la clé d'une garde partagée réussie. J'étais chez elle, et son fils lui a dit, de la façon la plus naturelle du monde : « Maman, j'ai envie de voir papa. » Clémence, qui venait de me dire qu'elle se disputait très souvent avec son « crétin d'ex-mari », lui a répondu tout aussi naturellement : « Appelle-le, peut-être qu'il a aussi envie. » Le petit s'est exécuté, et une demi-heure plus tard, son père passait le prendre pour aller dîner à la pizzeria.

J'ai compris que le secret, pour ne pas faire du mal à ma fille, était de garder cette fluidité, cette sorte de passerelle entre les deux maisons, pour que l'enfant n'ait pas à choisir et qu'il ne se sente pas écartelé entre deux mondes trop distants.

L'accord de base entre Gloria et moi est simple : on fait front commun pour les choses importantes — l'école, la politesse, les légumes — et pour le reste, on se fait confiance. Et dans les mauvaises passes, comme quand Galatée a passé une semaine à l'hôpital après une chute sur la tête, nous nous serrons les coudes, pour notre fille d'abord, mais pour nous aussi. Qui d'autre *que l'autre parent peut mieux partager l'angoisse devant le petit corps malade ?*

*Cela ne veut pas dire que Gloria et moi sommes trop intimes, on reste, je crois, à la bonne distance. Je ne veux rien savoir de la vie amoureuse de Gloria, d'ailleurs elle ne me dit presque rien. Parfois, à l'excès : j'ai su qu'elle s'était pacsée avec son mec parce que Galatée me l'a dit, une semaine plus tard. Elle m'a raconté ça en passant, en parlant des jeux qu'elle avait faits avec ses cousins. Elle n'a pas été traumatisée, c'est le moins qu'on puisse dire !*

**Karl, quarante-deux ans, séparé depuis sept ans, père de Katia, neuf ans. N'a accepté la séparation qu'à la condition qu'il y ait une garde alternée.**

*Avec Katell, on a décidé de se séparer quand Katia avait un an et demi, la séparation effective a eu lieu un an plus tard. Sans avoir vraiment eu à réfléchir, la résidence alternée était pour moi une condition sine qua non de la séparation. Nous étions ensemble depuis quinze ans quand nous avons décidé d'avoir un enfant, Katia s'est fait attendre deux ans : elle a été un bébé voulu, désiré, cherché et attendu.*

C'est dire si j'ai eu le temps de penser à quel genre de père je voulais être : un père très présent, un père en mission. Mais mon ex ne l'entendait pas de la même oreille : pour moi, la principale raison du conflit qui a mené à la rupture, c'était l'attitude de Katell depuis qu'elle était devenue mère. C'était à peine si elle me laissait m'approcher de l'enfant, elle était dans la toute-puissance et je devais défendre ma place de père bec et ongles. Par-dessus le marché, on n'avait plus de vie de couple, j'avais l'impression de ne plus exister pour elle. Résultat des courses : je l'ai trompée, elle l'a su, elle n'a pas pu me pardonner.

Face à la rupture, je ne voyais pas d'autre réponse concrète à ma façon d'aborder la paternité que l'alternance. Dans les premiers temps, disons, cinq, six mois, nous avons réessayé avec Katell de recoller les morceaux avec une thérapie de couple qui n'a rien donné. On n'arrivait plus à parler, sa seule réponse était de me faire des reproches. Quand je disais « Si on se sépare, je veux la résidence alternée. » Elle me répondait : « Tu n'es qu'un salaud, tu m'as trompée ! » Mais qu'elle n'ait pas pu l'accepter d'emblée n'a rien d'étonnant : je lui demandais quelque chose qu'elle avait du mal à m'accorder alors qu'on était encore sous le même toit.

Ce n'est pas qu'elle me surveillait mais… elle supervisait, puis souvent elle refaisait derrière moi. Avec l'expérience, et le vécu d'autres couples de mon entourage, je m'aperçois que c'est une attitude relativement courante chez les mamans de nourrissons, même si elles travaillent. Même si elles exercent comme psy ! Je me souviens d'agacements quasi quotidiens, quand elle re-rinçait les quatre cheveux de la petite avant que je la sorte du bain, ou qu'elle remettait une couche, littéralement ! Ce n'était pas tant un manque de confiance envers moi, je crois, qu'une pulsion irrationnelle de mère fusionnelle couplée avec sa nature plutôt anxieuse...

La thérapie, si elle n'a pas servi à nous réconcilier, a eu la vertu de nous aider à comprendre que notre couple était mort. C'était déjà ça. Le conflit s'étant tassé quelque peu, Katell parvenait au moins à me communiquer son désarroi : elle n'imaginait pas ne pas voir sa fille tous les jours. Pourtant, elle ne voulait pas croire que pour moi, c'était la même chose. Et comme nous n'arrivions pas à nous mettre d'accord, on a vécu en colocataires pendant plus d'un an.

Franchement, je ne sais pas vraiment pourquoi elle a fini par dire oui à l'alternance. La fatigue ? La tension d'habiter avec quelqu'un qu'on n'aime plus et qu'on évite ? Sans doute, mais peut-être qu'elle a senti que je ne céderais pas. Je n'avais pas envie de juridique, mais s'il avait fallu, je serais allé au tribunal, heureusement la question ne s'est pas posée.

Bref, elle m'a annoncé un jour, comme ça, qu'elle avait trouvé un appartement, et peu après, la résidence alternée était en marche. Je tiens à porter à notre crédit que même si nous nous sommes très peu *parlé depuis — et je crois qu'on aurait cicatrisé plus vite si on avait crevé l'abcès —, nous avons eu très vite le bon sens de laisser notre histoire de côté pour rendre le tout le plus fluide possible à Katia.*

*On échange juste ce qu'il faut pour être bien coordonnés, ni plus, ni moins. J'aurais tendance à croire que ma fille n'a pas trop souffert du changement, dans la mesure où ça faisait plus d'un an qu'on vivait comme ça. Elle a rarement passé du temps avec ses deux parents à la fois, et il me semble qu'elle n'a pas eu le temps d'intégrer dans son fonctionnement cette entité bicéphale nommée « les parents » : ça a toujours été papa d'un côté, maman de l'autre.*

*Quand je me suis trouvé tout seul avec ma fille… ça a été la panique totale. Enfin, non pas la panique, mais je me suis aperçu qu'alors que je me voyais comme le mec super qui partage tout, je me reposais pas mal sur Katell. Elle prenait en charge sans rien dire, sans se plaindre et sans m'en faire de reproches des trucs dont je n'étais même pas conscient.*

*Un truc très bête : les fringues devenues trop petites. J'ai découvert à quelle vitesse ma fille grandissait, et à quelle vitesse le placard débordait ! Le tri du linge, quelle aventure ! J'ai beaucoup fait rire les mamans de l'école avec ça, et l'une d'elles m'a inclus dans un petit circuit de « sacs tournants ». Un véritable marché noir de la layette ! Moi, qui ne m'étais même pas aperçu de ces échanges, je suis devenu un trader de la robe chasuble. Figurez-vous que j'ai même participé à l'organisation d'une bourse aux vêtements. Tout ça pour dire que je découvrais que c'était mon ex qui s'occupait de l'intendance : prendre des couches, changer les draps de la petite, avoir toujours du Doliprane à portée de main. J'ai fini par avoir toujours sur moi un tube d'arnica. Avant je trouvais normal que si Katia tombait, sa mère sorte le petite tube magique qui cumulait vertus curatives et effet placebo. Un soir, Katia pleurait, je ne savais pas quoi faire, je lui ai donné de l'arnica. Ça a marché, elle devait avoir un bobo à l'âme.*

*Un autre grand changement, j'ai dû revoir mon organisation au bureau. Quand j'étais avec Katell, ses horaires de fonctionnaire me permettaient de ne pas compter mes heures de professionnel libéral. Avec la résidence alternée, j'ai fini par stabiloter mes semaines avec enfant pour ne pas fixer par erreur un rendez-vous en fin d'après-midi. Vous voyez ? Des choses de nana, quoi !*

*Il a fallu aussi que j'apprenne à ne pas compter sur le week-end pour rattraper des dossiers en retard… Un autre exemple : un week-end de pont, je n'avais plus du tout de couches, tout était fermé. Pendant cinq minutes, j'étais catastrophé, le temps de penser à appeler une copine qui avait un môme de l'âge de la mienne, mais qu'est-ce que j'ai flippé !*

*J'ai dû aussi m'habituer à être un père en solo, j'avoue, j'avais pensé que je rencontrerais quelqu'un assez vite et que je serais de nouveau en ménage, que je* ferais d'autres enfants, bref, que j'allais vite retrouver une vie de famille relativement traditionnelle. Je n'imaginais pas que huit ans plus tard je serais encore en tête-à-tête avec ma fille ! J'ai fait des rencontres et j'ai eu plusieurs relations, mais aucune assez durable pour reconstruire un nid.

Ce n'est pas seulement du côté du maternage que j'ai tenu à ma place de père. Je suis aussi un père ferme. Peut-être à cause de mon histoire familiale, de ce non-père que j'ai eu même s'il était à la maison tout le temps, mon frère et moi, on débordait de tous les côtés, et ma mère n'arrivait pas non plus à nous tenir. J'ai observé, même si c'est politiquement incorrect de le dire, que les mères seules lâchent trop la bride avec les enfants. Je connais aussi des mères qui se font obéir au doigt et à l'œil, mais autour de moi, ce sont les pères avec leurs grosses voix qui s'imposent le mieux.

Si je traite ma fille comme une princesse et que je lui offre plein de choses dont elle n'a pas vraiment besoin, je fais aussi en sorte qu'elle fasse ses devoirs, qu'elle respecte les règles, qu'elle obéisse sans négocier. C'est moi qui l'ai obligée, par exemple, à finir son année de judo que sa mère lui aurait permis d'abandonner en milieu d'année.

J'estime que c'est important de lui apprendre qu'il faut tenir ses engagements. Sa mère, au demeurant une femme charmante, lui apprend d'autres choses tout aussi utiles : à ne pas se laisser marcher sur les pieds, à sourire, à ne pas s'embourber dans des *discussions inutiles. Ce qui, pour moi, prouve encore une fois qu'un enfant a autant besoin de son père que de sa mère, qu'ils soient ensemble ou pas.*

✻<br>✻✻

**Jacques, quarante et un ans, père de Justine, onze ans. Ne voulait pas la garde alternée mais finalement trouve qu'elle a été bénéfique à sa fille.**

*C'est Julie, ma femme, qui a imposé la séparation. Notre fille Justine, à l'époque, n'avait que trois ans et demi. Moi, enfant de divorcés, j'étais prêt à tout pour que notre fille grandisse avec ses deux parents – voir un psy, que chacun puisse avoir sa vie... – mais Julie n'a rien voulu entendre.*

*Elle tenait absolument à la garde alternée, pour deux raisons.*

*La première c'est qu'elle est très féministe et, pour elle, il était hors de question d'endosser seule les responsabilités parentales qu'on s'était engagé à partager de façon égalitaire, et elle refusait donc de considérer que c'était le rôle de la femme que de s'enfermer dans la maternité. Une conception que je défends tout à fait.*

*La seconde raison, c'est qu'elle a une fragilité psychique qui implique énormément de repos, elle ne*

108

*se sentait donc pas la force mentale ni physique d'être responsable de notre fille seule et à plein temps. Car un enfant de cet âge, il faut le dire, c'est un boulot énorme, ils ont besoin d'une attention de tous les instants. D'ailleurs, c'est l'arrivée de notre enfant qui avait bouleversé notre couple, rien d'exceptionnel là-dessus, mais Julie avait le sentiment que c'était toujours elle qui faisait ce qui concernait l'enfant et elle ne voulait pas, du fait de la séparation, se retrouver repliée dans son rôle de mère. Elle n'avait pas peur d'assumer la décision de la garde alternée, même si ça lui posait un problème de conscience qui l'a beaucoup torturée. Malgré tous ses principes féministes, elle ne cessait de se demander si elle n'était pas une mauvaise mère.*

*Mon argument principal contre l'alternance était qu'on imposait à Justine une situation qu'elle n'aurait pas choisie par elle-même. Je continue d'ailleurs à penser qu'avec ce mode de garde on impose à l'enfant un changement constant, nos faiblesses et notre organisation en plus de la séparation qu'il doit subir.*

*Je savais qu'un enfant peut vivre sans voir son père au quotidien sans se sentir abandonné : c'est mon cas, car bien qu'ayant vécu à partir de neuf ans loin de mon père, je n'ai pas eu pour autant le sentiment d'être abandonné par lui, même si je ne le voyais que toutes les six semaines. J'avais la ferme intention de rester bien présent dans la vie de ma fille.*

*Mais Julie n'a pas cédé, et on a fini par couper la poire en deux après de longues tergiversations, et nous avons mis en place une garde alternée qui nous semblait adaptée à notre fille : elle dormait chez moi deux nuits par semaine, et passait un week-end sur trois chez moi. Cela dit, pour les week-ends, comme on a continué à s'entendre finalement très bien et qu'on faisait des choses ensemble avec notre fille, on décidait au coup par coup.*

*En seulement quelques mois, je me suis aperçu que la garde alternée avait un effet bénéfique auquel je n'avais pas songé. Ce ne sera jamais que mon analyse, mais après la naissance de notre fille, Julie s'était énormément repliée sur l'enfant tout en me reprochant de ne pas prendre part à cette relation.*

*Et après quelques mois, elle s'est sentie plus forte et plus capable de garder notre fille tout le temps, d'ailleurs, il a fallu que je me batte pour maintenir l'alternance qu'elle avait imposée ! Quand Justine dormait chez moi, je passais la soirée à consoler Julie au téléphone parce que notre fille lui manquait ! Et parfois, c'était Justine qui pleurait parce qu'elle se faisait du souci pour sa maman.*

*J'ai dû faire appel à une patience que je ne me connaissais pas pour les rassurer toutes les deux, mais aussi à une fermeté qui me semblait indispensable : on devait assumer notre choix, et Julie devait apprendre à se détacher sainement de sa fille qu'elle risquait d'étouffer à cause de besoins affectifs et de craintes qui n'avaient rien à voir avec notre enfant, mais avec son passé à elle. Si Freud nous avait rencontrés, il se serait éclaté, franchement.*

*Sept ans plus tard, on vit sur le même système des trois jours/quatre jours et les week-ends à discrétion, mais je travaille Julie au corps pour qu'on passe à une véritable alternance d'une semaine chacun. Une fillette de quatre ans, ce n'est pas la même chose qu'une préado. Justine est à un âge où elle est contente d'être autonome, les enjeux ont changé. Les trois jours passent trop vite, en plus j'ai déménagé à cause de mon travail, je suis principal dans un grand établissement et le poste imposait que j'habite sur place.*

*J'ai pu choisir un lycée qui est sur la même ligne de tramway que mon ancien quartier et j'ai laissé mon appart à Justine et sa mère pour que ma fille continue à vivre dans la maison où elle est née. Justine a un trajet d'à peine vingt minutes pour arriver au collège mais en revanche, je ne peux plus passer la récupérer après les cours pour goûter avec elle avant de la ramener chez sa mère, donc je tiens à l'avoir le soir plus souvent.*

*J'ai tâté le terrain avec elle, elle serait partante mais en même temps, elle a peur du changement et, encore une fois, elle se fait du souci pour sa mère, elle a peur qu'elle ne se sente abandonnée. J'estime que ce n'est pas son rôle de protéger sa mère.*

*Je lui offre un mode de vie plus ouvert, moins carré que celui de sa mère : chez moi, il y a toujours des amis, les horaires sont relativement souples, j'ai une compagne très coquette qui donne à ma fille une autre version de la féminité que celle, plus discrète et austère, de Julie. Qui est, je tiens à le dire, une mère formidable qui donne à notre fille le goût de l'étude, des livres et de l'indépendance intellectuelle.*

*Mais, en dépit d'un accord théorique pour changer le rythme, Julie n'arrive pas encore à faire le pas, elle n'arrive pas à « lâcher » notre fille. Je dois, encore une fois, assumer le rôle de celui qui tranche. Ce que je n'aurais sans doute pas fait si j'étais resté avec Julie, alors que je suis convaincu que ma fille sera plus épanouie en prenant un peu de distance avec sa mère.*

*C'est quand même fou, c'est moi qui me serai le plus battu pour cette garde alternée que je ne voulais pas !*

# 8. Du côté des mères

**Béa, trente-huit ans, maman de Basile, onze ans, séparée depuis onze ans, en résidence alternée progressive depuis la naissance de Basile.**

*Notre fils, Basile, vient d'avoir onze ans, il a pratiquement toujours vécu en garde alternée. Bruno et moi nous nous sommes mis en ménage quand j'avais vingt-quatre ans. Trois ans plus tard, je suis tombée enceinte, et la grossesse a été le déclencheur d'une crise dans notre couple qu'on n'a jamais réussi à surmonter. Un baby-clash cas d'école.*

*Trois mois après la naissance, Bruno est parti. Il était manager d'un groupe de rock et il partait souvent en tournée. La résidence alternée n'était pas vraiment envisageable, et… j'aurais refusé de me séparer de mon enfant plus d'une demi-journée, une nuit grand maximum. Je me suis engagée à lui laisser voir l'enfant sans restriction. Heureusement, on se faisait confiance.*

*Quand il revenait à Bordeaux, il passait pas mal de temps avec Basile : il allait le déposer à la crèche le matin ou bien le récupérer le soir, il le baladait s'il faisait beau, il l'emmenait chez le pédiatre au besoin.*

*Ensuite, j'ai voulu retourner dans notre ville d'origine, dans l'est de la France. Après maintes discussions, Bruno a consenti à me suivre, toujours pour rester présent dans la vie de son fils. Il a cherché à trouver un poste plus sédentaire, toujours dans la musique. Je crois qu'il avait sa claque du bus et des tournées avec le groupe de rock, mais je l'ai perçu surtout comme un bel effort pour prendre soin de notre fils. Je continuais pourtant à trouver Basile trop petit pour l'alternance, ou en tout cas, c'est ce que je disais parce que je ne me sentais pas prête à le lâcher. Le tout est que j'ai réussi à négocier avec Bruno.*

*Je l'ai fait réfléchir sur le temps « réel » qu'il aurait passé avec l'enfant si lui et moi avions habité ensemble : entre les soirées où il aurait travaillé, plus les jours où il aurait voulu aller à un concert, plus le temps où Basile était à crèche, ça revenait à un réveil par-ci, une sieste par-là : juste quelques heures par jour.*

*Donc, je me suis engagée de nouveau à lui laisser le voir aussi souvent que possible, tout en essayant de garder une certaine structure, pour l'enfant, afin qu'il ait des rythmes réguliers, mais aussi pour moi : je ne voulais pas être à la merci de son emploi de temps. J'ai des amies qui trouvaient que ce fonctionnement* m'empêchait de couper avec mon ex et de repartir sur autre chose... Peut-être, mais je sentais que je le devais à mon fils, et après tout, c'est passé assez vite.

Pour résumer, même si Basile vivait chez moi, il voyait son père plusieurs fois par semaine, chez lui la plupart du temps. Dès l'entrée à la maternelle, nous sommes passés à une résidence alternée par demi-semaine sur deux semaines.

Je m'explique : il y avait la semaine « Un » où il passait deux nuits chez papa et cinq chez maman, puis, la semaine « Deux » où c'était deux nuits chez papa, trois nuits chez maman, et deux nuits chez papa. Chaque semaine se comptait du dimanche soir au dimanche soir. Je crois que c'était un médiateur que j'étais allée voir de mon côté qui m'avait donné l'idée.

Bruno ne me versait pas de pension et j'estimais que je pouvais m'en passer, il gagnait plus d'argent que moi, certes, mais je gagnais assez pour ne pas avoir à demander. Il participait aux gros achats — le parc, une armoire, le siège auto. Ensuite, lorsque Basile a eu six ans, c'était une semaine sur deux, du vendredi au vendredi. Et on garde ce rythme depuis, Basile est aujourd'hui en sixième. Il me semble normalement bien dans sa peau, il a des copains, une mèche sur le front... et il compatit avec les enfants qui ne voient leur père que deux week-ends par mois.

**Dominique, quarante-cinq ans, mère de Quentin, onze ans. Pense que le secret de la réussite de la garde alternée est une organisation très carrée et très claire financièrement.**

J'ai voulu mettre à plat tout de suite la question de l'argent pour limiter au maximum les occasions de me prendre la tête avec mon ex. Nous avons des revenus semblables et il n'y avait pas de pension à verser, ni d'un côté ni de l'autre, d'autant moins avec la résidence alternée.

Comme je gagne quand même un peu plus, on a décidé que j'allais payer la mutuelle, et notre enfant est sur la carte vitale de tous les deux. Quand nous nous sommes séparés, ce n'était pas possible, ça date de 2007.

Pour les frais « en plus » comme les dépassements pour les lunettes ou l'orthodontiste ou la semaine de ski, on fait des comptes chaque trimestre, et chacun de nous bénéficie d'une demi-part fiscale pour les impôts.

Pour les vêtements, mon ex et moi achetons une garde-robe complète, ce qui évite aussi que le bonhomme se balade avec une valise au moment des transferts et comme c'est la croix et la bannière pour traîner Quentin dans les boutiques, on s'y colle à tour de rôle. On achète, disons, quatre jeans en même temps, deux pour chaque maison. Les seules exceptions sont les affaires de sport et les grosses pièces : doudoune, combi de ski, etc. Les habits que l'enfant porte lors du *changement de maison retournent – propres ! – au parent « propriétaire », c'est aussi simple que ça.*

*Notre fils a aussi un livret à son nom où il pose les chèques que les grands-parents lui donnent à Noël ou pour son anniversaire. Maintenant qu'il est plus grand et qu'il veut des cadeaux plus chers, nous nous mettons d'accord. Par exemple, pour Noël, il voulait un i-Pad, donc son père et moi avons mis chacun un quart, et l'autre moitié c'est lui qui se l'est achetée avec l'argent qu'il avait mis de côté.*

*Quentin est de plus en plus indépendant, mais quand il était petit, chacun de nous le gérait de A à Z pendant sa semaine, ce qui n'empêchait pas les dépannages ponctuels. Aujourd'hui, il a un portable, et pour les sorties ou les nuits chez des copains, il s'entend avec le parent chez qui il est, et si c'est quelque chose de prévu avec beaucoup d'avance, c'est à lui de voir chez qui il sera ce jour-là pour tout organiser. D'ailleurs, je lui paie son forfait de téléphone et son père lui donne l'argent de poche.*

*Certains peuvent trouver ça froid et trop carré, pour moi, les bons comptes font les bons ex. Attention, la logique comptable ne s'applique pas à notre fils ! Parfois, il part avec son père parce que c'est l'anniversaire des cousins de son côté alors que c'est « mon week-end », il me le ramène le soir ou le lendemain et on garde le même rythme, sans qu'il y ait « dévolution » du temps-enfant.*

*Pour tout ce qui est réunions avec les profs, rendez-vous chez le médecin, on se sert beaucoup des mails parce que c'est le plus simple, cela fait office de cahier de correspondance, et on évite les appels au mauvais moment.*

*On s'était dit que si on rencontrait quelqu'un, on éviterait de le présenter à l'enfant avant d'être sûrs que c'était une histoire sérieuse, et nous avons tenu parole. Quand son père a trouvé une compagne, il m'a dit : « Ça fait six mois que je vois une femme, je vais la présenter à Quentin ce week-end. » Quentin avait alors six ans, il ne m'en a même pas parlé, peut-être parce que ça datait d'une semaine et que pour lui ce qu'il avait vécu au foot avec les copains était plus important que ce qui s'était passé dans la vie de son père.*

*Moi, j'ai fait exactement la même chose — informer mon ex du changement de situation — deux ans plus tard, quand mon compagnon et moi avons décidé d'aménager ensemble. Pour les vacances, on se coordonne. Son père l'a déjà envoyé en colo, pas moi, je m'organise pour avoir mon temps de vacances avec lui mais on a pour principe de ne pas se mêler de ce que l'autre fait.*

⁂

**Léa, mère d'une fratrie de trois garçons – deux pères. Apporte la preuve que l'on peut être en résidence alternée avec de petits moyens financiers.**

La résidence alternée coûte cher, ceux qui la pratiquent le savent bien. Il faut avoir une maison assez grande pour accueillir les enfants, même si la moitié du temps ils sont ailleurs, il y a évidemment des choses en double, pour que les enfants ne vivent pas dans leur valise.

Comme disait une maman dans le guide Réussir la garde alternée « les avantages sont affectifs, les inconvénients matériels ». Mais on n'a pas besoin non plus d'avoir de grands moyens si on a décidé que ce qui compte est d'être ensemble. Les deux pères gagnent leur vie correctement, mais on est tous classe-moyenne-ras-des-pâquerettes. On peut mettre du beurre, et même bio, dans les épinards, nos enfants ne manquent de rien et on peut s'entraider en cas de coup dur, mais côté pouvoir d'achat, comme la plupart des gens, on s'en sort comme on peut.

J'ai un salaire de prof dans le privé et je ne cherche pas de grands appartements, je ne peux pas me le permettre mais je me débrouille toujours – j'ai dû déménager trois fois à cause de mon travail – pour que chacun des garçons ait un espace à lui où il peut s'isoler, se retirer et avoir du temps calme s'il le désire.

*Le grand, qui est en 5ᵉ, a sa chambre, il en a plus besoin que les petits parce qu'il a de vrais devoirs, et aussi, parce que par tempérament, il est plus solitaire. Les deux petits — sept et neuf — en ont une autre, et chez leur père aussi, ils partagent une chambre.*

*Je leur ai pris des lits en hauteur pour le gain d'espace mais aussi pour qu'ils puissent préserver leur territoire, et ce respect de l'espace de l'autre, c'est quelque chose que j'ai réussi à leur inculquer.*

*Ils se chamaillent, bien sûr, trois garçons, vous imaginez, mais pas plus que moi et mes sœurs qui vivions dans une énorme maison : les petits et l'invasion du territoire de l'autre, c'est un grand classique il me semble. Moi, je me suis créé une petite alcôve dans le salon, ils respectent aussi mon intimité, et j'ai tout loisir, la semaine où ils ne sont pas là, d'inviter mon chéri et de faire des folies de nos corps.*

*L'école du quartier est sympa, vive le public ! Là-dessus, mes ex et moi avons les mêmes principes. Côté santé, j'ai pris une bonne mutuelle qui rembourse même la médecine naturelle, dont je suis adepte. Puis, pour les vêtements, mes copines et moi nous passons les fringues. Pour les jeans des garçons, qui les défoncent, à moi les dépôts-vente et les vide-greniers. Et il y a la bibliothèque, pour les mangas et les DVD, et la bourse, pour les jeux vidéo, ce qui s'accorde bien aussi avec mes principes de ne pas trop consommer, et de recycler. Pareil pour les vélos, les trottinettes, les rollers, etc.*

Je fais en sorte quand même que le petit ait aussi des choses nouvelles rien qu'à lui de temps en temps, son père – le dernier d'une famille nombreuse – y tient et il a parfaitement raison. Je ne sais pas comment j'aurais fait si j'avais été confrontée à un père avec beaucoup plus de moyens, j'ai tendance à penser, quand j'entends des mères dire « son père le gâte trop, il veut l'acheter avec des cadeaux » que les enfants, même gâtés, donnent plus d'importance à l'affectif qu'au matériel. En dépit des crises que peuvent faire certains ados accros aux marques.

Les vacances ? Ma mère habite dans le Sud, et quand il fait beau, on descend au moins une fois par mois, la mer n'est pas si loin. Et ils se baladent pas mal aussi avec leurs pères… On ne me fera pas croire qu'un enfant a besoin de prendre l'avion trois fois par an pour être épanoui !

**_Nadine, quarante-six ans, maman de Nathan quinze ans et Noémie cinq ans, en résidence alternée pour cette dernière depuis trois ans. Tient avant tout à ce que sa fille ait un lien fort avec son père._**

*J'ai un garçon, Nathan, d'une union précédente, dont le père se contente de faire un virement mensuel, il a laissé tomber son droit de visite. Mon fils en a beaucoup souffert, et j'ai beaucoup pleuré de rage et d'impuissance en voyant la façon dont mon ex le laissait tomber et le décevait.*

*Quand j'ai vu que la séparation avec mon deuxième mari devenait inévitable – il était de plus en plus violent verbalement, et je n'avais pas l'intention d'attendre qu'il passe aux coups – mon principal souci, ma plus grande crainte, c'était que ma fille, Noémie, grandisse aussi sans son papa qui, aussi abruti qu'il soit, aime sa fille par-dessus tout et j'ai décidé de faire tout mon possible pour que son père reste dans son quotidien.*

*Comme vous pouvez imaginer, si la fin de mon mariage a été plus que difficile, le divorce a été sanglant. Suite à mon mariage, j'avais déménagé au Luxembourg pour suivre mon mari. Je suis formatrice en entreprise et je n'avais pas encore réussi à me faire un réseau quand nous nous sommes séparés : résultat des courses, je n'avais pas assez de revenus pour m'en sortir sans l'aide de mon ex. J'ai eu une prestation* compensatoire qui m'a servi d'apport personnel pour acheter une maison de poupée pas trop loin de la villa où mon ex habite. Je tiens à dire qu'il gagne plus en un mois que ce que je gagnerais si je travaillais toute l'année à plein temps.

Il voulait la garde alternée tout de suite, moi pas : il ne s'est jamais vraiment occupé de Noémie, par la force des choses – déplacements constants, horaires imprévisibles – mais aussi parce que les bébés, il le disait lui-même, « c'est pas son truc ». Il a dû changer les couches moins de cinq fois, et je n'exagère pas. Quand il était à la maison, une fois que Noémie avait pris son bain, je la lui apportais pour qu'il lui dise bonsoir sur le canapé ou au lit s'il était déjà couché, et les grands jours, il lui lisait une histoire, c'est tout.

J'avais imaginé qu'il allait s'impliquer plus, cette enfant, née d'une FIV, il l'avait voulue autant que moi... Mais, en fin de compte, il ne la voyait pratiquement que les week-ends, lorsqu'on était tous les quatre ensemble. Le jugement de divorce a établi un droit de visite traditionnel, un week-end sur deux, etc., mais Noémie passe tous les week-ends avec son père – sauf fête de famille de mon côté ou voyage du sien.

Assez souvent aussi, il la récupère le mardi soir et la garde jusqu'à l'après-midi du mercredi chez lui. Il fait souvent appel à la nounou, ce qui ne m'enchante pas voire me fait enrager. S'il n'est pas dispo, même quand il travaille à la maison, je préférerais que Noémie reste chez moi, mais j'ai arrêté d'espérer qu'il *soit raisonnable : ça finit la plupart du temps en dispute et j'ai eu ma dose.*

*Ce n'est pas une résidence alternée dans les normes, mais dans les faits, ma fille passe trois nuits par semaine avec son père. Pour les vacances, on s'arrange. J'aimerais avoir un calendrier plus précis, plus carré, mais mon ex a toujours des imprévus, et c'était déjà le cas quand nous étions ensemble, donc parfois je gueule et parfois je fais avec, même si je dois changer mes plans.*

*C'est toujours à moi d'arrondir les angles, sinon, ce serait la guerre en continu, et je ne veux pas ça pour mes enfants — mon aîné a grandi avec un père absent et a souffert de la mauvaise ambiance avec mon deuxième mari, je veux qu'il ait un peu la paix.*

*J'ai fait le deuil d'une relation idéale où on ferait les choses d'un commun accord, je suis déjà contente qu'on arrive à se parler sans s'insulter — ou même s'envoyer des mails sans s'insulter — même si mon ex ne veut même pas rentrer chez moi et que c'est moi qui gère tout ce qui n'est pas loisirs.*

*J'ai des copines qui me disent que je me laisse trop faire et que je devrais me fâcher, ou faire pression avec le jugement, puisque j'ai la garde et lui un droit de visite, mais je n'ai pas vraiment le choix, ou disons que j'ai choisi de ne pas passer ma vie au Palais de Justice.*

*Je ne suis pas d'accord avec sa façon d'élever Noémie : il la gâte à un point écœurant, lui laisse trop regarder la télé et chez lui, c'est pâtes ou purée à chaque repas, mais je me suis fait une raison : l'équilibre nutritionnel se fait sur la semaine, je l'espère vraiment.*

*Au départ, il est vrai, elle faisait des caprices, ou des crises, quand elle changeait de maison, parfois elle voulait rester chez moi, d'autres fois elle voulait rester avec son père, mais je ne crois pas que ce soit à cause de la résidence alternée, c'était surtout qu'elle n'avait pas compris que nous n'étions plus ensemble. Tout ce que je peux dire pour l'instant c'est que ma fille adore son père et vice-versa.*

*On verra bien comment les choses évoluent quand elle grandira. Il y a des bonnes choses, bien sûr : il lui est arrivé de nous offrir des vacances, à moi et aux deux enfants, pour que sa fille puisse profiter de la plage alors qu'il n'avait pas le temps de l'y amener, il est assez bon avec les devoirs et il lui apprend à bricoler, il lui a acheté un lapin et ils ont construit une cage ensemble. Même si c'est moi qui m'occupe du lapin, ma fille en a un super souvenir.*

*Je ne suis pas une mère sacrificielle, je ne joue pas les mères courage, je veux simplement que ma fille voie son père. Et aussi, pour que cet homme que j'ai quand même aimé, même si je ne vois plus aujourd'hui vraiment pourquoi, ait l'amour de sa fille dans sa vie, peut-être que ça va l'aider à être plus normal, un jour...*

***

**Rachel, mère de deux enfants, Rebecca et Raphaël, en résidence alternée depuis 2006 alors qu'ils avaient sept et trois ans, dit qu'elle est en « garde alternée au pays des bisounours ».**

S'il y a un sujet sur lequel je n'ai aucune modestie, c'est sur la façon dont on a géré, avec mon ex, la séparation vis-à-vis des enfants. Quand les psys parlent des meilleures façons de faire, de « dans un monde idéal », de « mais on ne voit pas ça souvent », j'ai l'impression qu'ils parlent de nous.

Et comme ça n'allait pas de soi, que tout était nouveau pour nous, qu'on n'avait pas de mode d'emploi, je m'accorde de temps en temps un petit moment d'autosatisfaction. On me dit : « Vous avez de la chance que ça se passe si bien » et je réponds « Oui, c'est vrai », mais non, ce n'est pas de la chance, on a vraiment mis du nôtre. On n'est pas les seuls, je sais, mais comme c'est nous et nos enfants, j'estime pouvoir être fière.

Pourtant, quand Charles, le père de mes enfants, a réclamé la résidence alternée, ou garde alternée, comme on disait alors, je ne voulais pas : j'avais peur que mes enfants vivent comme des VRP, il m'était arrivé au cours de mes voyages de me réveiller et ne pas savoir où j'étais, c'est angoissant… Je ne voulais pas leur faire vivre ça, si petits.

Puis, avec mon ex, on a discuté. Je voulais remettre ça à plus tard, concrètement, aux sept ans du petit, *l'âge auquel d'après les psys que je lisais à l'époque, on pouvait envisager une résidence alternée sans que ça nuise au développement de l'enfant. Mais Charles m'a dit : « Pourquoi faire plus confiance à des psys qu'on ne connaît pas qu'à nous-mêmes ? Et si on voit que quelque chose cloche, on fait machine arrière. »*

*Je savais que je pouvais lui faire confiance, et nous faire confiance, pour repérer si quelque chose n'allait pas chez les petits. Il a eu un autre argument convaincant : nos enfants avaient passé souvent des week-ends chez les grands-parents, avec ou sans nous et des week-ends chez des amis, parfois simplement des soirées car ils voulaient se réveiller le lendemain avec leurs potes plutôt qu'avec nous. Je me suis aperçue alors que pour nos enfants, on était une sorte d'omniprésence, ils nous voyaient et nous avaient de façon si habituelle, certaine et sûre, que les changements pour eux étaient plus une occasion de faire la fête qu'autre chose.*

*Pour moi, le fait qu'ils voient beaucoup les grands-parents – paternels – était très rassurant, pour deux raisons. D'abord, il me semblait que leur maison, où tout était comme avant, donnait aux enfants une sorte de continuité que j'avais brisée en partant.*

*On dit, et souvent sur un ton de critique, que la résidence alternée sert à déculpabiliser les parents, qui pensent que les enfants souffriront moins de la séparation, puisqu'ils ont autant leur papa et leur maman… Euh, oui : c'est mon cas. Mais ça marche !*

*Mes enfants, pour ainsi dire, n'ont même pas changé de crèmerie, ou de boulangerie plutôt, et ils jouaient dans le même square après l'école avec les mêmes copains. Rien de bien déboussolant.*

*Ensuite, je faisais spécialement confiance à mon ex-belle-mère pour sonner l'alarme si le mal-être éventuel d'un des enfants était passé inaperçu pour nous. Je suis assez basique comme mère : tant qu'ils mangent bien, dorment bien et rient beaucoup, pour moi ils vont bien, mais j'avais peur qu'ils fassent semblant pour ne pas nous faire de la peine. Donc je vérifiais, et je vérifie toujours auprès de mamie, des profs, des amis proches qui les ont vus grandir…*

*Au départ, je posais aussi des questions aux enfants, mais comme ma fille roule des yeux en disant « Mais maman, encore ? Tout va bien ! » et que son frère me dit qu'il aime les changements et qu'il n'aimerait pas avoir une seule maison — il est chez lui partout, celui-là, de toute façon — je crois qu'on a raison de ne pas s'inquiéter.*

*Par ailleurs, surtout au départ, on a été très stricts avec la régularité des « transferts ». On faisait tout pour ne pas les décaler, et ce n'est que récemment qu'on se permet des petites entorses autour des vacances. J'achète toujours moi-même en septembre le calendrier pour moi et pour mon ex, le même. Et on leur explique toujours où et quand ils vont être et avec qui, et on le marque dans le calendrier accroché dans nos cuisines respectives, comme ça ils l'ont sous les yeux au besoin.*

*Mon fils, d'ailleurs, croyait au départ que le calendrier aussi, était en garde alternée !*

**⁕⁕**

**Catherine, deux enfants en résidence alternée pendant sept ans, avec changement de cap à l'adolescence. Croit avant tout à la souplesse.**

*Cette année, pour la première fois, les plus jeunes de mes cinq enfants ont quitté la maison. L'un, pour aller en internat et l'autre… pour prendre sa base chez son père. Ce sont des jumeaux, ils ont seize ans. Quand leur père et moi avons divorcé, la question de la garde alternée ne s'est pas posée : pour nous, c'était évident. Il n'y avait aucune raison pour que l'un ait la garde plus que l'autre. Que l'un ait « gagné » et l'autre « perdu ». La mise en place s'est faite de façon relativement rapide : en six mois, nous avions chacun un appartement dans la même rue.*

*Après un début difficile – changement d'école, changement de copains, changement de maison – les enfants, qui avaient neuf ans à l'époque, se sont adaptés à leur nouvelle vie. Ils passaient avec une extrême facilité d'une maison à l'autre, puisque nous habitions dans la même rue, à moins de deux cents mètres l'un de l'autre. Notre rue, disaient-ils, était comme un long couloir.*

*Cette proximité entre ex conjoints, que certains jugent difficile à vivre au quotidien, n'a pas posé de problèmes pour nous les adultes. Nous ne nous rencontrions jamais ! Mon nouveau compagnon n'est tombé sur mon ex mari qu'au bout de trois ans ! Et pour les enfants, cette proximité était un atout formidable. Ils étaient cools. L'un d'eux m'a même dit un jour : « La garde alternée devrait être obligatoire. On a autant besoin de son père que de sa mère, non ? »*

*Il y a deux ans, ces deux garçons qui avaient vécu dans l'osmose habituelle chez les jumeaux ont commencé à avoir des rapports difficiles, ils s'engueulaient en permanence. Du coup, nous avons introduit l'alternance dans l'alternance : ils étaient à tour de rôle chez l'un de nous. Nous avions toujours un enfant à la maison. Donc finie cette semaine sans enfants, dont j'avais bien profité les premières années. Mais pour eux, cela a été vraiment bénéfique. Les conflits qui étaient devenus constants se sont apaisés. Une possibilité impensable chez des familles « intactes », comme disent les sociologues.*

*Cette année, l'un est parti en internat, et l'autre s'est mis à être de plus en plus chez son père. J'ai accepté qu'il parte chez son père pour plusieurs raisons.*

*D'abord, parce que s'il le demandait, c'est qu'il en éprouvait le besoin. Il fallait l'entendre et le comprendre. Et je connais assez Julien pour savoir que ce n'était pas juste un coup de tête, il réfléchit beaucoup.*

*Aussi, parce que d'après mon expérience, à l'adolescence, les garçons se tournent vers leur référent masculin. Je tiens à dire que ce n'est pas la facilité qui l'y a conduit. Ses rapports avec son père sont très tendus depuis deux ans, tandis qu'avec moi ça se passe plus dans la douceur. Mais je crois qu'il a besoin justement d'affronter son père, de se frotter à lui.*

*Et puis, il ne s'entendait pas très bien avec mon compagnon. Donc, quitte à s'engueuler, autant le faire avec un père plutôt qu'avec un beau-père ! Et d'ailleurs, depuis quelques semaines, ça va mieux avec l'un et avec l'autre.*

*J'ai instauré des rendez-vous fixes pour que nos rapports ne s'effilochent pas, il vient déjeuner tous les lundis et dîner tous les mercredis. Les autres jours ? C'est au coup par coup. S'il a envie de venir, il me téléphone. Je travaille chez moi, c'est facile pour lui de passer. Parfois, il travaille chez son père après le lycée et vient pour le dîner, mais il ne couche plus jamais chez moi.*

*Celui qui est en internat passe un week-end chez moi, un week-end chez son père. Disons que c'est le principe. Parce que dans les faits, à cet âge, entre les sorties, les nuits chez les copains et le temps qu'il passe avec ses frères aînés, on ne sait pas bien s'il est là ou pas. Je crois que la garde alternée est une chose qui doit être souple en général, et s'assouplir davantage lorsque les enfants entrent dans l'adolescence.*

*J'essaie aussi de voir mes jumeaux en même temps. Mais c'est rare. Il faut bien avouer que je les vois de moins en moins. Pour eux, c'est une période de transition avant de prendre leur envol d'adultes, et pour moi aussi : les enfants ont quitté le nid. Je suis seule avec mon amoureux. C'est bien. Je suis assez contente. Une nouvelle vie commence.*

**Sophie, mère de trois garçons, un papa pour l'aîné – de nouveau en couple – et un papa pour les petits. Depuis deux ans, les trois enfants sont en garde alternée, et les adultes jonglent au quotidien pour accorder leurs quatre plannings.**

*Mon fils aîné s'appelle Scott. Son père, Yann, est parti deux semaines après mon retour de la maternité. On n'a même pas parlé de résidence alternée à l'époque : Yann passait le voir quand il voulait, puis, quand on a réglé la question devant le juge, il a eu un droit de visite traditionnel. (Un week-end sur deux et la moitié des vacances.)*

*Deux ans plus tard, je me suis mariée avec le père de mes deux autres enfants, David. Il a toujours été* très sympa avec Scott, qu'il a su bien ménager lorsque Sandro et Samuel sont nés. Je me suis séparée de David quand Sandro avait quatre ans, Samuel deux ans. Scott avait déjà sept ans, et ça s'est très mal passé. J'aurais pu organiser une alternance, mais David voulait la garde totale, j'ai très mal vécu le procès et même si j'ai obtenu la garde des enfants, il me fallait mettre de la distance avec lui.

Le hasard a voulu qu'on me propose un poste intéressant dans le Sud, et j'ai demandé au père de Scott s'il me permettait de le prendre avec moi : s'il s'était opposé, je ne serais pas partie. Il a mis comme condition que je revienne dans notre ville actuelle dès que possible, et après une année, j'étais de retour. C'est en quelque sorte sa générosité qui m'a fait voir qu'on devait tout mettre en œuvre pour réussir à mener à bien nos projets d'adultes tout en donnant aux enfants un cadre de vie stable.

C'est à ce moment-là que j'ai proposé aux deux papas de mettre en place une résidence alternée. Je tenais à ce que la fratrie reste ensemble et ils étaient d'accord. Ce n'est pas l'amour fou, il faut le dire, entre mes deux ex, mais ils ont réussi à mettre leur antipathie mutuelle de côté pour que ça ne déteigne pas sur les rapports des enfants entre eux.

Comme Yann était avec une femme, Lola, très douce et très attentive avec Scott, j'ai voulu qu'elle prenne part aux décisions. Après tout, elle allait avoir mon môme sous son toit une semaine sur deux, le mieux c'était de tout coordonner. Et à quatre, on s'est accordé pour dire qu'on était une famille avec deux mamans, deux papas et quatre enfants… Ça fait deux ans que ça dure.

Tous les six mois, on parle entre adultes autour d'un café, on échange nos points de vue sur les enfants et on compare aussi ce qu'ils nous ont dit à chacun : pour l'instant, pas de lézard, ils ont la pêche. Jusqu'à présent on reste à une semaine sur deux avec changement le dimanche.

Ensuite, on sort nos agendas : Yann et Lola ont un planning déjà compliqué, il a parfois des déplacements et Lola qui est éducatrice spécialisée a un roulement sur trois semaines qui inclut des nuits.

Il arrive aux papas de se dépanner entre eux pendant leur semaine plutôt que de m'appeler moi, tout se passe par texto, ils n'ont même pas à se parler, c'est beau, la technique.

Évidemment, on vit tous à un quart d'heure des écoles respectives, c'est fait exprès, on est proches sans se croiser tout le temps. Lola a déjà gardé non seulement Scott, qui est le fils de son compagnon, mais aussi mes deux autres enfants lorsque j'ai été hospitalisée alors que leur père était en vacances à l'étranger, le temps que ma mère puisse débarquer au secours.

Je sais que parfois je force un peu le trait avec cette histoire de tribu recomposée, que j'essaie de tout voir en rose – méthode Coué – pour que tout soit rose, mais, figurez-vous que ça marche assez souvent.

*Je ne dis pas qu'il n'y a pas de frictions, notamment entre David et moi, qui aurait préféré avoir les enfants et ne rendre de comptes à personne. C'est pour ça que c'est bien de noter sur les agendas et d'utiliser les mails, tout est écrit, ça évite des malentendus qui débouchent inévitablement en engueulade.*

*Je pense aussi qu'il me sait gré d'avoir proposé la garde partagée alors que la justice en avait décidé autrement et que ce jugement est toujours valable.*

*Les enfants participent, ils lèvent la main comme à l'école pour parler. J'aime les voir prendre si au sérieux nos « réunions », les voir participer, entendre leurs réflexions, mais ce qui me rassure le plus, c'est quand ils râlent : s'ils trouvent à redire, c'est qu'ils ne mesurent pas le stretching affectif et logistique que font ces quatre adultes pour eux.*

*Ils sont insouciants, et je trouve ça bien.*

## 9. Que faut-il penser du *Livre noir de la garde alternée* ?

*Le Livre noir de la garde alternée*[1], paru en 2006, est une diatribe passionnée contre la résidence alternée devenue la bible des détracteurs de ce mode de garde. Ses auteurs principaux sont Jacqueline Phélip, sage-femme, mère de quatre enfants, présidente de l'association L'enfant d'abord et le Pr Maurice Berger, chef du service de pédopsychiatrie au CHU de Saint-Étienne. Ils prennent la défense des enfants de parents séparés ou divorcés qui vivent des situations difficiles et qui, pour certains, présentent des pathologies alarmantes.

Mme Phélip attribue le malheur de ces enfants et de leurs mères – il est rarement question du père dans ce livre – à la garde alternée.

Sans aucunement remettre en cause l'honnêteté des auteurs ayant participé à l'ouvrage, on est en

_______________

1. J. Phélip, *Le Livre noir de la garde alternée*, Enfances, Dunod, 2006.

droit de se demander si la raison incriminée est véritablement à l'origine de ces souffrances.

D'une certaine manière, les cas décrits dans *Le Livre noir* font penser à ce qui se passe lorsqu'on tape sur Google « piqûre de moustique » : on se retrouve devant une galerie de visages déformés, de corps criblés de plaques rouges de la taille d'une bouche d'égout. De quoi sortir dans la rue drapé d'une moustiquaire…

L'auteur fait une remarque fort pertinente dans son introduction : ce n'est pas parce que la proportion d'enfants qui souffrent de la résidence alternée n'est pas majoritaire qu'il faut en ignorer leur mal-être. Bien sûr que non, ce sont des cas dramatiques. Mais la conséquence logique de ce constat ne peut pas être l'abolition d'une loi qui donne les outils aux parents et aux professionnels de la justice pour protéger les liens des enfants avec leurs deux parents.

Interdit-on les voitures parce qu'il y a des accidents ? On éduque, on fait de la prévention, on améliore la signalisation, et… on continue de rouler.

La critique la plus évidente qui s'impose après lecture de ce livre est que les cas mis en exergue sont ceux de mères en détresse ayant eu recours à l'association « L'enfant d'abord ».

On est donc face à une concentration de femmes en souffrance qui se battent pour obtenir ou maintenir une résidence exclusive. À partir du moment où on ne se réfère qu'à des mères et des enfants en difficulté, il n'est pas étonnant qu'on ne trouve que des situations graves.

C'est comme si de ce livre que vous êtes en train de lire, on tirait la conclusion que la résidence alternée est la panacée qui va rendre heureux tous les enfants de divorcés. Aussi bien que celui de Mme Phélip, ce livre n'est fondé que sur un sondage exploratoire et biaisé : on a cherché sciemment des familles pour qui la résidence alternée s'est avérée bénéfique, mais nous n'en ferons pas une obligation pour les cas où d'autres solutions seraient indiquées.

Un des principaux arguments des détracteurs de la résidence alternée est qu'elle ne serait pas adaptée aux tout-petits. De ce fait, ils reprochent à la loi de ne pas avoir imposé de limite d'âge.

Les études sur lesquelles ils se basent pour étayer leurs propos, et notamment celle de Solomon et George [1], n'ont pas été réalisées sur des enfants en résidence alternée : la plupart des enfants de l'échantillon n'avaient jamais vécu avec leur père ou ne l'avaient pas vu depuis longtemps.

---

1. Solomon, J., George, C., 1999, « The effects on attachment of overnight visitation in divorced and separated families : A longitudinal follow-up », in Solomon, J., George, C., éd., *Attachment Disorganization*, Guilford Press, New York, 135-264.

On peut comprendre alors que « un tiers des jeunes enfants qui passent la nuit en dehors du foyer maternel pour aller chez leur père présentent ensuite envers leur mère un attachement désorganisé ».

La théorie de l'attachement explique que les enfants développent différents systèmes d'attachement – sécurisé, anxieux, évitant, désorganisé – envers leur *caregiver*, littéralement « pourvoyeur de soins ». L'anglais n'a pas de genres, et dans les études *caregiver* peut être le père ou la mère, ou une tierce personne qui s'occupe de l'enfant et que celui-ci ressent comme fiable. Or les détracteurs de la résidence alternée ont tendance à faire l'amalgame entre la figure d'attachement et la mère.

Quant à la notion d'attachement, la communauté scientifique s'accorde à dire que bien qu'étant une importante variable de référence, elle ne saurait pas être la seule.

Un exemple tiré du *Livre noir*[1] : une petite fille de deux ans et demi va mal. Son père n'a pas trouvé nécessaire de lui trouver un lit alors qu'elle vit chez lui une semaine sur deux. D'après la mère, elle n'y mange que des bonbons et du fast-food et revient sale et mal coiffée et est très triste chaque fois qu'elle doit y retourner. À la rentrée, elle sera scolarisée dans deux écoles différentes, car les parents habitent à 40 kilomètres l'un de l'autre.

---

1. Page 67.

Dans ce cas, comme dans tant d'autres cités dans le livre, il paraît aberrant de faire changer d'école chaque semaine une petite de deux ans et demi.

Mais il est impossible de savoir si c'est l'alternance qui est nuisible pour l'enfant, ou la négligence du père, ou l'anxiété de la mère... Ce sont des cas extrêmes.

En ce qui concerne la situation de la recherche en France, aucune étude, ni psychologique ni sociologique, n'a à ce jour été réalisée sur un large ensemble des enfants en résidence alternée depuis l'entrée en vigueur de la loi, et l'incontournable analyse du sociologue Gérard Neyrand date de 1994 [1].

Le texte de 2002 est fortement critiqué pour ne pas avoir inclus une limitation d'âge à l'application de la résidence alternée. Le problème de cette limitation est : qui la fixerait, et en fonction de quels critères ? Il n'y a pas deux enfants égaux, même pas au sein d'une même fratrie. Il semble plus logique de se fier à la responsabilité des parents, et dans le cas d'une attitude irresponsable de la part de ceux-là, au bon sens des juges, de plus en plus sensibles et formés à ce genre de problématique.

Les cas aberrants existent. Celui de l'enfant de deux ans dont le père américain est reparti vivre en

---

1. Neyrand G., *L'enfant face à la séparation des parents. Une solution, la Résidence Alternée*, Paris, 1994.

Californie, dont l'enfant vit en alternance un mois en France un mois aux USA avec neuf heures de décalage horaire est cité de façon récurrente. Maurice Berger [1] fait allusion à ce cas, il apparaît en 2006 dans *Le Livre noir* : c'est, heureusement, un cas unique. D'ailleurs ce père-là est ensuite revenu sur sa demande, en considérant effectivement que ce n'était pas bon pour l'enfant.

On pourrait dire, avec le droit ancien : l'abus n'exclut pas l'usage.

Le Pr Maurice Berger propose « une modification minimale indispensable [...] qui consisterait à ajouter à l'article 371-1 de la loi de 2002 à la fin du 2ᵉ paragraphe (après « … dans le respect dû à sa personne ») : « Toutes les décisions doivent prendre en considération l'âge et le développement psychoaffectif de l'enfant, en particulier son besoin de stabilité dans les premières années de sa vie. » Pourquoi pas, si cela rassure les professionnels et les parents, ce qui ne peut que rejaillir positivement sur les enfants dont ils ont la responsabilité ? C'est bien connu que parfois, ça va mieux en le disant.

Si vous avez peur de laisser partir votre bébé chez l'autre parent, rappelez-vous que l'immense majorité des enfants de parents toujours en couple vont à la crèche ou chez la nounou des journées entières,

---

1. « La Résidence Alternée chez les enfants de moins de six ans. Une situation à hauts risques psychiques », *Devenir*, 2004.

voire, dorment le week-end chez des grands-parents. Ils passent du temps séparés de leurs mères : ils grandissent.

Le professeur Maurice Berger, qui préface *Le Livre noir de la résidence alternée*, propose cependant des conseils et aménagements possibles de ce mode de garde pour les bébés. Il se base sur le calendrier de Brazelton pour suggérer que « de trois à six ans, l'hébergement pourrait se faire chez le père sous la forme d'un week-end de deux jours deux nuits tous les quinze jours, et d'une demi-journée dans la semaine ».

Mais on peut encore se demander : pourquoi pas deux jours et une demi-journée chaque semaine ? Peut-on vraiment affirmer qu'il y a une différence négative dans le développement de l'enfant, à partir du moment où on admet que l'enfant peut en effet dormir chez le père tous les quinze jours ?

Lorsqu'on lit dans *Le Livre noir* « qu'il existe une véritable pathologie psychique due à la résidence alternée (angoisses d'abandon, sentiment dépressif, troubles du sommeil, eczéma, agressivité, en particulier à l'égard de la mère considérée comme responsable de la séparation, perte de confiance dans les adultes, en particulier dans le père, dont la vision déclenche une réaction de refus) », donc, que ces observations ont été faites dans une unité pédopsychiatrique qui reçoit, par définition, des cas pathologiques.

Nous voulons insister toutefois, car cela ne peut pas faire du mal de le répéter, que de nombreux experts sur la question parmi ceux qui défendent l'alternance – Gérard Poussin, professeur de psychologie clinique à l'université Pierre Mendès France de Grenoble ; Bernard Golse, chef du service de pédopsychiatrie de l'hôpital Necker-enfants malades à Paris – ont rappelé à de nombreuses reprises que le principe une semaine sur deux n'est pas adapté aux tout-petits.

Il est plus judicieux d'organiser des séparations courtes. Les parents que nous avons rencontrés ont procédé par paliers, en s'adaptant au fur et à mesure du développement de l'enfant.

On accuse aussi la loi d'apporter une fausse réponse à tout ce qui est mobilisé par une séparation : le bouleversement affectif et psychologique que cela représente pour les enfants mais aussi pour les parents, et de ne pas tenir compte du bouleversement susceptible de redistribuer, de redéfinir les liens, les places et la nature des fonctions de tout un chacun.

Dans la contribution de Pierre Levy-Soussan « Résidence alternée : risque de maltraitance au nom de l'enfant », ce pédopsychiatre et psychanalyste critique l'article 373 du Code civil qui dit que « La séparation des parents est sans incidence sur les règles de dévolution de l'exercice de l'autorité parentale », « Chaque père et mère doit maintenir des relations personnelles avec l'enfant et respecter les liens de celui-ci avec l'autre parent ». Levy-Soussan infère que la loi « coupe court à tout ce qui est mobilisé par une séparation : le bouleversement affectif et psychologique que cela représente non seulement du côté de l'enfant mais du côté des parents ».

Mais, lorsqu'on se penche sur le texte, il y est simplement dit que la séparation ne doit pas altérer *les règles* sur l'exercice de l'autorité parentale, c'est-à-dire, que la responsabilité que les parents ont vis-à-vis de l'enfant qu'ils ont mis au monde *ne change pas* du fait de la séparation. La résidence alternée n'est qu'une des façons possibles d'actualiser – au sens de faire passer de la puissance ou virtualité à l'acte – cette responsabilité au quotidien, et juste-ment, elle tient compte des changements dans les liens, les places et les fonctions de chacun des parents.

Le législateur est aussi accusé de se plier aux idéologies à la mode… La responsabilité parentale conjointe, une mode ? La préservation des liens entre un enfant et ses deux parents, une mode ? Les femmes qui travaillent, les hommes capables d'aimer et prendre soin de leur enfant, une mode aussi ?

Ce n'est pas un combat d'aujourd'hui, et le texte, qui date maintenant de dix ans, s'essaie à ne pas rester à la traîne des évolutions qui ont eu lieu dans la société depuis la deuxième moitié du siècle dernier.

Pour mémoire, la puissance paternelle assurait l'exclusivité de l'autorité du père sur la famille, y compris, jusqu'en 1938, sur son épouse.

On en vient à se demander si ce qui gêne autant les détracteurs de la résidence alternée est que des mères « renoncent », et pour certaines de bon cœur, aux prérogatives attribuées traditionnellement à la mère.

Alors que cette séparation, même chez les plus convaincues des bénéfices pour leurs enfants de la résidence alternée, ne se fait pas sans questionnement, ni nœuds à l'estomac, ni sensations d'absurde lorsque la nuit tombe et que le nid est vide.

Mais ces femmes sont prêtes, tout simplement, à reconnaître que le père aime ses enfants autant qu'elles, et que les enfants – et ce n'est pas si simple pour certaines – aiment et ont besoin de leur père autant que d'elles.

Ce sont souvent aussi des femmes qui tiennent au principe d'égalité entre les hommes et les femmes – égalité des droits, égalité républicaine. Et ce n'est pas facile tous les jours d'assumer qu'on veut aussi travailler et avoir du temps pour exister en dehors du rôle de mère. Que lève le doigt celle qui n'a jamais senti un seul regard de travers lorsqu'elle a avoué trouver son compte dans l'alternance.

Pour les hommes, de quel droit leur demande-t-on de ne plus voir leurs enfants après leur avoir demandé de suivre la grossesse, de se lever la nuit, de rencontrer les profs, bref, de partager toute la vie de l'enfant ? Parmi les pères qui se séparent, rares sont ceux qui n'ont jamais craint de devenir un père gentil organisateur de week-end ou qui n'a pas senti le trou dans l'âme de ne plus voir ses enfants au quotidien.

Quant aux enfants, tous ceux que nous avons rencontrés sont bien dans leurs pompes, ils trouvent bien d'avoir autant de part de papa que de maman – eux, ils ont le droit de le dire, pas les parents, attention –, ils se sentent chez eux dans les deux maisons et en sont même fiers… Ils se sentent aimés, chéris, pris en compte. Ce n'est pas une vérité scientifique, mais c'est la leur, et c'est bien aussi qu'on l'écrive. Noir sur blanc.

**80 % optent pour l'alternance une semaine sur deux**

Dans les décisions de justice, l'alternance hebdomadaire est retenue huit fois sur dix, quel que soit le type de procédure : divorce contentieux ou par consentement mutuel, après-divorce, enfants naturels.

Dans les faits, cependant, la résidence alternée se pratique de façon plus créative : de la semaine coupée en deux à l'alternance un jour sur deux, une quinzaine sur deux voire un trimestre ou une année sur deux – un rythme plutôt pratiqué lorsque les parents habitent loin l'un de l'autre et à manier avec précaution. L'alternance peut même présenter une très grande souplesse dès lors que les parents sont amenés à réfléchir à leurs réels besoins.

F. Brunet, P. Kertudo, S. Malsan, « Étude sociologique sur la résidence en alternance des enfants de parents séparés », *Fors Recherche Sociale* pour la CAF, 2008.

# 10. L'AVIS D'UNE SOCIOLOGUE CANADIENNE

**Denyse Côte est professeure de sociologie à l'université de Québec et spécialiste de la résidence alternée depuis plus de vingt ans. Parmi ses publications : *La Garde partagée : l'équité en question*[1].**

## *Quelques précisions autour du concept de l'alternance*

Il existe dans les esprits du citoyen lambda, mais aussi des politiques et de certains chercheurs, une grande confusion autour de la notion de garde partagée ou résidence alternée.

La garde physique partagée désigne la prise en charge des enfants de façon alternée par les parents séparés, habituellement dans deux domiciles

---

1. D. Côte, *La Garde partagée : l'équité en question*, Remue-Ménage, 2005.

parentaux. Elle se distingue de l'autorité parentale conjointe qui se réfère aux droits et obligations légales des parents envers les enfants. De fait, le gouvernement du Québec considère que lorsque l'enfant habite au moins 40 % du temps chez l'un de ses parents sur une base régulière, il s'agit d'une garde partagée.

## *La garde alternée avec trente ans de recul*

La garde partagée a suscité beaucoup d'opposition et de controverse lorsqu'elle est apparue aux États-Unis dans les années 1970, même s'il y a des livres qui traitent la question datant de la fin des années 1940. La fille de Sigmund Freud, Anna, a même publié un livre s'y opposant. Elle y défendait les théories de son père qui avaient dominé les années de l'après Seconde Guerre mondiale en Amérique du Nord. Il semblait irréfutable alors que pour devenir des adultes équilibrés, les enfants avaient absolument besoin de la présence quotidienne de leur mère.

Ces théories ont servi aux États-Unis et au Canada de fondement au modèle familial jusqu'aux années 1960 : mariage hétérosexuel, durable, famille nucléaire, intendance domestique assurée par les mères.

De plus, au Québec, jusqu'aux années 1970, ces thèses se sont conjuguées à une idéologie catholique fortement conservatrice qui voulait que la femme soit mère au foyer. Une preuve ? Les effets de la loi canadienne sur le divorce, votée en 1968, n'ont commencé à se sentir qu'au début des années 1980 par la généralisation des ruptures d'union et la naissance « hors-mariage ».

La garde partagée n'est apparue que quelque dix ans plus tard, ce qui est toujours dix ans plus tôt qu'en France : ça fait pratiquement une génération de différence.

Il y avait cependant des couples pionniers – c'est mon cas – qui dès les années 1980 la pratiquaient déjà en dépit des fortes oppositions sociales. Ma mère, concrètement, n'a jamais accepté le principe.

N'empêche, il y a aujourd'hui au Québec une génération, celle de mes enfants, déjà parents à leur tour, dont une partie a grandi en alternance. Et ils ne se portent pas plus mal que les autres.

On peut donc dire avec un certain recul que les enfants dont les parents ont choisi de plein gré la garde partagée ne sont ni ballottés entre des parents en conflit, ni constamment dans des valises, ni laissés à eux-mêmes : ce sont des adultes comme les autres.

## *L'égalité entre les sexes et la garde partagée*

On le sait, chaque société, à l'aide de traditions, de normes et politiques apporte sa réponse à la question : « Comment éduquer les enfants et comment diviser cette charge entre les sexes ? » À l'ancienne complémentarité des rôles parentaux – papa travaille, maman est à la maison – s'est substituée l'idée de l'égalité, de la neutralité sexuelle et de la symétrie des rôles parentaux – papa et maman travaillent, papa et maman s'occupent de leur enfant.

Les recherches démontrent que la garde partagée est en lien certain avec ces transformations de notre conception de la famille, de l'éducation des enfants et de l'égalité entre les sexes.

L'égalité revendiquée par les femmes de façon ferme depuis les mouvements sociaux des années 1960 comprenait l'idée d'un partage des tâches éducatives familiales entre les deux parents. À l'aube des années 1970, les mentalités avaient commencé à changer et les femmes occupaient de plus en plus de place dans la sphère publique. Parallèlement, le rôle du père s'est transformé : à partir des années 1980, le « père-pourvoyeur » a laissé la place au « père-qui-partage-les-tâches » : il est devenu évident, pour les hommes mais d'abord pour les femmes, que les mères avaient d'autre choix que de se consacrer uniquement aux enfants et que les pères ne pouvaient plus se limiter à apporter le bifteck et à imposer la discipline. L'égalité entre les hommes et les femmes était devenue une valeur fondamentale de la culture québécoise.

Cette symétrie des rôles parentaux est devenue la représentation du « couple parfait » et l'est restée : il a été entendu, avec la même certitude qu'avant on le réfutait, que les pères peuvent prendre soin des jeunes enfants aussi efficacement que les mères. La présence paternelle dans l'éducation quotidienne des enfants après la rupture conjugale est devenue aussi une norme importante.

Pourtant, si la garde partagée représente l'aboutissement d'une évolution sociale fondée sur un désir d'égalité, elle introduit un concept de symétrie des rôles parentaux qui pour l'instant est illusoire. On sait tous très bien que dans la société canadienne, et encore plus dans la société française, le partage des tâches parentales est loin de se faire de façon égalitaire. La double journée des femmes est une réalité trop cuisante pour la nier.

### Les limites de la résidence alternée

Les rapports entre les parents en résidence alternée sont complexes. Ils se basent sur une entente-cadre négociée et sur une confiance mutuelle à propos de la qualité des soins dispensés à l'enfant par chacun.

L'organisation du temps, de l'espace et de la responsabilité économique est conçue sur le principe de partage moitié/moitié.

Cependant, ce partage n'est pas la garantie d'une répartition égale dans la réalité. Nos recherches ont démontré que plusieurs « tâches parentales » sont encore assumées de façon plus constante par les mères : organisation et maintien du système de garde, prise en charge de tout ce qui a trait au corps, que ce soit l'achat de vêtements ou tout ce qui appartient à la sphère médicale, etc. Les mères planifient plus souvent les soins de l'enfant en dehors de leur propre période de garde, les vacances ou la célébration des anniversaires, par exemple. Les hommes, de leur côté, se font aider de façon plus récurrente par leur nouvelle conjointe.

On a pu établir aussi que, assez souvent, en résidence alternée, plus de la moitié des coûts bruts d'entretien de l'enfant sont assumés par les mères. Alors que malgré l'évolution des mœurs, les revenus des femmes sont inférieurs à ceux des hommes.

L'alternance, cependant, amène des désavantages pour les mères qui ne l'ont pas choisie de plein gré. Entre autres, elles vont voir leur mobilité géographique diminuée, alors qu'on peut vouloir changer de ville pour changer de travail ou suivre un conjoint. En plus, dans certains cas la pension alimentaire est aussi moins importante sans qu'il y ait pour autant dans la pratique un partage réel et effectif des tâches éducatives, ni encore moins une relation co-parentale exempte de conflits.

La garde physique partagée pourrait aussi « pénaliser », à l'avenir, les mères séparées qui ne voudront pas s'adapter à ce modèle, car elles seront jugées à l'étalon de celle-ci.

Au Québec au moins, où la garde partagée correspond à l'idéal évoqué plus haut, celles qui ne s'y conformeront pas pour quelque raison que ce soit – une mauvaise relation avec l'ex, un vécu différent de la maternité – risquent de subir des pressions extérieures, ou de vivre leur différence comme un échec.

Or, soyons honnêtes, aucune recherche n'a démontré à ce jour la supériorité de la garde partagée sur la monoparentalité – féminine ou masculine.


## *Résidence alternée et violence conjugale*

Mes recherches en cours montrent que la résidence alternée est dangereuse pour les mères victimes de violence conjugale, car elle empêche la victime de rester à distance de son agresseur. Il faut savoir que la violence – psychologique ou physique et sexuelle – ne cesse pas, voire, elle augmente, après la mise en place d'une résidence alternée.

Elle s'exerce aux moments de contacts entre ex, que la résidence alternée rend évidemment plus nombreux. Des rapports très conflictuels avec l'ex-conjoint rendent difficiles, sinon impossibles, la création d'une nouvelle vie familiale avec quelqu'un d'autre mais aussi la cogestion des mesures éducatives. Avec, en plus, n'oublions pas, des conséquences psychologiques très négatives chez l'enfant.

### Non au modèle unique, quel qu'il soit

Concevoir la résidence alternée comme l'expression parfaite de la responsabilité partagée entre le père et la mère pourrait mener à concevoir la garde partagée comme modèle unique. Pourtant, force est de constater que certains couples parentaux sont incapables de la pratiquer à cause de la nature de leur relation ou de l'absence des conditions nécessaires. C'est pourquoi la garde partagée n'est pas à recommander dans tous les cas de séparation. La reconnaissance de l'existence et, surtout, de la coexistence d'une variété de modes de garde après la séparation est, à mon avis, une question sociale incontournable. Quant à définir quel est le meilleur mode de garde pour les enfants, toutes les recherches confirment qu'il s'agira du mode de garde qui permette aux conflits conjugaux de s'estomper… et aux parents d'encadrer leur enfant dans l'harmonie et la reconnaissance de l'apport de chacun.

### Chez les jeunes, une autre idée de la paternité

Le taux de femmes sur le marché du travail ne cesse d'augmenter depuis les années 1960. Les femmes y sont de plus en plus présentes. En 2009 : 66 % des femmes de quinze à soixante-quatre ans sont actives. Les mères de jeunes enfants sont elles aussi plus actives qu'auparavant. En 2009, 78 % des mères avec au moins un enfant de moins de trois ans sont actives, contre 43 % en 1975.

Pourtant, plus de la moitié des personnes pensent qu'un enfant d'âge préscolaire risque de souffrir du fait que sa mère travaille (53 % des hommes et 49 % des femmes). Cette idée est plus répandue chez les femmes au foyer (69 %).

Chez les plus jeunes, le rôle du père dans la sphère familiale est davantage reconnu. En cas de divorce, 42 % des personnes pensent que ce n'est ni mieux ni pire que l'enfant reste avec sa mère, 30 % appuient la préférence de garde à la mère et 28 % la désapprouvent. Mais chez les moins de vingt-cinq ans, seulement 22 % sont de cet avis.

Source : « Couple, famille, parentalité, travail des femmes. Les modèles évoluent avec les générations » Alice Mainguené in Insee Première
https ://erfi.web.ined.fr/doc/IP1339.pdf.

# 11.  Qu'est-ce que le syndrome d'aliénation parentale ?

**Le Dr Paul Bensussan est psychiatre, psychothérapeute, expert agréé par la Cour de cassation.**

On se retrouve de plus en plus souvent devant des parents en grande souffrance du fait du rejet dont brutalement ils font l'objet de la part d'un ou plusieurs de leurs enfants, rejet qui les a emmenés souvent devant le juge des affaires familiales.

Dans certains cas, il s'agit de ce qu'il est convenu d'appeler le Syndrome d'aliénation parentale (SAP), décrit pour la première fois en 1985 par Richard A. Gardner, professeur de psychiatrie à l'université de Columbia.

S'il s'agit le plus souvent des enfants de parents en situation de conflit, ce phénomène peut apparaître aussi au sein des familles intactes ou d'une résidence alternée qui semblait, jusque-là, se passer paisiblement. On pense aussi très souvent au SAP lorsque la mère refuse catégoriquement la résidence alternée.


## Le syndrome d'aliénation parentale

Qu'est-ce que c'est ? Parmi les définitions actuelles, je préfère la plus simple, qui n'inclut pas la cause ou l'auteur du désordre. Je définirais donc le syndrome d'aliénation parentale comme le rejet injustifié et inexplicable d'un parent – autrefois aimé – par un enfant. Pour ma part, j'évite de l'utiliser dans mes expertises du fait de la polémique qu'il suscite, certains contestent l'existence même du phénomène au motif qu'il ne figure pas encore dans les classifications internationales des troubles psychiatriques.

Mais pour reconnaître un phénomène, il faut déjà le connaître. Et il n'est pas difficile de « passer à côté » d'une telle situation, les enfants qui en sont victimes peuvent être extrêmement convaincants. Personnellement, je parle plutôt d'alliance excessive ou fusionnelle, car dès qu'on évoque « l'aliénation parentale » on est catalogué comme un « partisan » de cette théorie et on ne fait plus attention à ce qui est important : le conflit à résoudre, le bien-être des enfants. Dans le cadre d'une expertise judiciaire, décrire le phénomène sans nécessairement le nommer me paraît tout aussi efficace.

De mon point de vue, le terme de « syndrome » devrait être abandonné parce qu'il comporte une connotation médicale qui ne me semble pas adaptée à la description de ces troubles. D'abord, parce que ce « syndrome » n'est pas encore reconnu comme une pathologie par la littérature psychiatrique, et ensuite, parce qu'il s'agit d'une pathologie de la relation plutôt qu'une pathologie de l'individu.

Le mot « aliénation » fait peur parce qu'on l'entend, en français, dans le sens de folie. C'est une erreur. Le professeur Richard A. Gardner, le premier à l'avoir employé en 1985, s'en est servi dans le sens de « détacher ou détourner quelqu'un de quelque chose, susciter l'hostilité », qui est l'acception la plus courante en anglais. Ce n'est que dans les cas les plus sévères de SAP qu'on peut trouver une sorte de folie et une authentique maltraitance psychologique.

Attention, il ne faut pas faire l'amalgame entre « lavage de cerveau » et SAP : il n'est pas forcément question d'une manipulation consciente de la part du parent « préféré », il s'agit de l'attitude d'un enfant qui, au centre d'un conflit parental, choisit, pour des raisons multiples, de s'allier au parent qu'il estime victime pour le soutenir. C'est pourquoi le SAP est évoqué le plus souvent – mais pas uniquement, on ne le répétera jamais assez – autour des divorces conflictuels, notamment autour de la garde des enfants.


## *Plus de pères victimes car plus de pères qui n'ont pas la garde*

Le rejet vise le plus souvent le parent non-gardien et comme le plus souvent ce sont les pères, le phénomène touche un plus grand nombre d'hommes. Il ne s'agit pas d'une explication sexiste, mais d'une relation de proportions logique : puisqu'il y a plus de pères non-gardiens dans notre société, il y a plus de pères affectés. Mais il est fort possible qu'avec la généralisation de la résidence alternée, hommes et femmes s'y trouvent confrontés en quasi-parité dans les années à venir.


## *Le parent aliénant n'a pas forcément une personnalité pathologique*

Je ne fais pas partie de ceux qui pensent que le parent aliénant a toujours une personnalité pathologique. Pour moi, le SAP est une pathologie des relations familiales avant d'être une pathologie de l'individu.

Le sentiment de révolte et de colère est tel chez le parent rejeté – aliéné –, qu'il se laisse aller souvent à l'envie de riposter et de se justifier auprès de l'enfant : ce que Darnall appelle « aliénateur naïf ». Il faut une très grande qualité morale et psychologique pour ne pas tomber dans ce travers.

Ce qui caractérise un parent aliénant, c'est la virulence de sa réaction à l'encontre de l'expert : si celui-ci n'est pas dupe, il est immédiatement perçu comme persécuteur. Si certains parents se réjouissent et remercient l'expert de l'apport positif pour l'enfant, les parents aliénants, eux, sont très en colère et redeviennent procéduriers, accusant par exemple l'expert de partialité. On ne quitte pas le registre du passionnel.

Quand une séparation se passe mal, le conjoint qui se sent trahi ou abandonné éprouve une souffrance telle qu'il n'arrive plus à distinguer lien conjugal et lien parental. Le conflit s'exacerbe alors autour de la garde de l'enfant et l'enfant peut sentir qu'il y a un parent « victime » – celui qui se fait quitter – et un « coupable », celui à l'origine de la séparation. Par le biais du conflit de loyauté, souvent mais pas toujours, il prend position pour le parent « victime ». En agissant ainsi, l'enfant participe à la réparation psychologique du parent perçu comme plus fragile.

## *Quelques éléments qui permettent de conclure à la présence d'un SAP*

C'est très complexe, car les enfants présentent peu de troubles à court terme et vont bien en apparence. Je tiens à souligner que, quand un enfant rejette un parent incestueux, violent, ou inexistant, il est hors de question de parler d'une situation pathologique.

Pour savoir si on se trouve devant un cas de SAP, la première démarche consiste à vérifier qu'on est bien en présence d'un rejet pathologique et non d'un rejet « normal », comme il peut s'en manifester notamment à l'adolescence ou dans d'autres circonstances.

Puis, on évalue certains critères.

Le premier serait l'antériorité. Le rejet de l'enfant est sans rapport avec la qualité antérieure de la relation parent-enfant.

Aussi, l'enfant débite à la moindre occasion son réquisitoire contre le parent comme s'il récitait un discours appris par cœur. Ce sont les mêmes enfants qui prennent leur plume « spontanément » pour écrire au juge. On peut évoquer en outre l'absence de l'ambivalence normale : la vision de l'enfant est manichéenne, il « efface » les bons souvenirs avec le parent rejeté, qui n'a plus aucune qualité.

Deuxième critère. Les accusations sont absurdes : « Il nous emmenait toujours en vacances aux États-Unis, il fallait aller à Disneyland… Il nous faisait manger des légumes… » Le rejet s'étend à toute la branche du parent « méchant », il y a amputation de la moitié d'un arbre généalogique.

Un enfant soumis au SAP prend des positions faussement matures, toutes-puissantes, adulto-morphes, qui révèlent un enfant anormalement immergé dans le conflit des parents sur tous les aspects, y compris financiers : « Papa veut la rési-dence alternée pour ne pas payer la pension à maman » ou « Je ne vois pas comment maman pourrait se débrouiller avec ce que papa donne comme pension ».

Enfin, on révélera l'absence troublante de culpa-bilité, il y a quelque chose de glaçant dans la dureté manifestée par l'enfant : « Je ne voudrais plus porter son nom », « Je voudrais qu'il soit mort ».


***Il est possible de déceler les premiers signes d'une alliance fusionnelle et la désamorcer***


Il existe des formes légères de SAP ou des situa-tions qui contiennent en germe les ingrédients du SAP. Lorsqu'il y a confrontation de l'enfant à la procédure, lorsque l'enfant connaît mieux le dossier que l'avocat. Et même avant, lorsque le parent rejeté se voit refuser des informations scolaires, médicales.

Dans les résidences alternées, ou après un week-end, on est confronté à des scènes tragi-comiques autour des sacs qui reviennent vides, des vêtements qui reviennent sales…

Parmi les prémices qui laissent présager la survenue d'un SAP, il y a aussi l'alibi qui consiste à dire : « Je laisse toute liberté à l'enfant, il a un portable, il peut l'appeler quand il veut. » Alors que, justement, l'enfant a perdu tout libre arbitre.

## La fermeté est la meilleure prévention

Pour autant que l'on se situe au stade léger, le courage et la fermeté initiaux du juge peuvent enrayer le processus du SAP et couper court à la surenchère : ce sont donc les meilleurs garants d'un pronostic favorable.

Le magistrat, aidé de l'expert, doit avant tout faire comprendre aux parents, avec toute la fermeté requise, l'importance d'un point non négociable : la nécessité du maintien du contact de l'enfant avec ses deux parents.

Et il faut agir le plus tôt possible, car, si plusieurs décisions de justice n'ont pas été suivies d'effet, qu'il y a eu de multiples non-présentations d'enfant, des refus du droit de visite et d'hébergement, des interventions de la police, des mains courantes, des polémiques autour du nom… le processus s'étend sur une période de temps considérable, durant laquelle le lien parent-enfant continue à s'abîmer.

Un enfant de sept ans peut être contraint par un juge à rendre visite à un parent rejeté. Un adolescent, moins, il va se montrer plus rebelle et s'entêter dans une opposition farouche. Il sait, au fond de lui, qu'il est plus puissant qu'un juge, au moins sur ce point. Et le forcer, c'est prendre le risque qu'il décroche de l'école, qu'il fugue, ou, dans les cas extrêmes, commette une tentative de suicide.

## Appliquer le principe de précaution au principe de précaution

La décision de justice est comme un médicament : indications, contre-indications, effets indésirables. J'attire souvent l'attention sur les effets pervers de l'application à outrance des mesures de précautions dans les stades légers de SAP. À quoi bon imposer un point de rencontre surveillé en l'absence de toute maltraitance ou dangerosité ? Si un magistrat estime que l'intensité, ou la violence des tensions nuit à l'intérêt de l'enfant, et révoque une résidence alternée, ou bien limite les visites dans l'attente de l'expertise, ces mesures de précaution alimentent dans l'esprit de l'enfant l'idée d'une dangerosité de ce parent : « Si je dois le voir sous haute surveillance, c'est qu'il peut me faire du mal. »

Ajoutez à cela le délai de l'expertise, disons quelques mois, plus les éventuels renvois d'audiences que l'autre parent va demander, et des années sont passées ! Ce qui, à l'échelle du temps de l'enfance, revient à une enfance volée. Une fois encore, c'est de l'identification précoce du phénomène que dépend en grande partie le pronostic.

## *Le rôle de l'expert dans les affaires familiales*

L'expert est là pour donner un éclairage : aider la justice à prendre une décision qui pose problème. Dans une minorité de cas, l'expertise psychiatrique est liée à une pathologie réelle d'un individu : dans le cas d'un parent malade sur le plan psychiatrique, souffrant par exemple de psychose maniacodépressive, d'alcoolisme, d'instabilité, le juge demande un avis à l'expert sur la capacité de ce parent à exercer la garde principale ou alternée, ou à accueillir son enfant pour des droits de visite.

Dans la majorité des cas, cependant, l'expert rencontre des gens non malades entre lesquels les relations sont perturbées et qui se trouvent de ce fait dans l'incapacité de s'entendre sur l'intérêt de l'enfant ou sur sa garde. Il est appelé à évaluer leurs compétences parentales respectives – le plus souvent remises en cause par le parent inquiet ou accusateur – et il lui est aussi demandé d'émettre un avis prospectif sur le moyen et le long terme quant à l'évolution de la situation.

Dans les affaires familiales, l'expert a pour mission « d'entendre les enfants et les parents ensemble ou séparément ». Personnellement j'utilise l'approche systémique : je reçois le couple – c'est encore un couple parental, après tout – et je leur explique comment je souhaite procéder : le conflit et les griefs doivent être exposés par l'un et l'autre en direct, même si cela leur coûte infiniment plus d'énergie (ainsi qu'à moi d'ailleurs : le divorce contentieux est souvent infiltré de haine, de défiance ou de dégoût). C'est pourtant la seule façon de confronter vraiment les discours des deux parents, et de plus, cela permet une très grande richesse d'observation – attitudes, réactions non verbales. Les sessions durent de trois à quatre heures.

Une fois bien imprégné de la problématique, je reçois les enfants hors de la présence des parents : il est exceptionnel que j'impose un entretien familial. Si l'enfant est tout petit, et qu'il nécessite un bilan psychologique approfondi, je propose une dualité d'experts avec un psychologue spécialisé, habilité à faire passer des bilans psychométriques à un tout petit.

L'entretien familial est parfois proposé en fin d'expertise, sous forme d'une synthèse permettant d'envisager la suite de la procédure. Il est également indiqué lorsqu'il y a lieu de mettre l'accent sur des conseils qui seront évoqués dans le rapport : communication entre les parents, transitions, utilisation du téléphone... D'autant plus importants autour d'une résidence alternée, car les contacts sont forcément plus fréquents.

### L'expertise peut avoir un rôle préventif

Sans nécessairement déboucher sur un transfert de garde, souvent vécu sur le mode de la persécution du parent qui se sent lésé, l'expertise peut avoir un rôle préventif. C'est un signal d'alarme qui met l'accent sur ce qui est en train de se passer et sur les conséquences qui peuvent s'ensuivre si les parents ne cessent pas d'utiliser l'enfant comme un projectile. Elle peut également avoir une fonction dans l'avenir : les liens une fois rétablis, l'enfant, devenu adolescent ou adulte, pourra accéder un jour à ce document (je ne le recommande pas, mais les parents ne nous demandent pas notre avis...) : il aura alors un autre éclairage sur ce qu'il a vécu pendant le temps du conflit.

## *Dans quelle mesure l'expertise judiciaire influence-t-elle la décision du juge ?*

Sur le papier, le juge est parfaitement indépendant et n'est aucunement lié par l'avis de l'expert. Cependant, ce qui est demandé à l'expert – donner un avis sur les modalités d'hébergement ou les droits de visite les mieux adaptés dans l'intérêt de l'enfant – est très proche de la mission du juge. Les experts sont faillibles et les juges doivent garder leur responsabilité, leur indépendance. L'expert devrait se limiter à une bonne analyse des relations, des individus, et laisser au juge la prérogative de la décision définitive. La frontière est très ténue.

# 12. La résidence alternée et l'argent

**Maître Brigitte Bogucki, avocate au barreau de Paris, spécialiste du droit de la famille et de l'immobilier. Auteur de *Divorce mode d'emploi*, avec Christiane Donati et de *Encyclopédie pratique de vos droits*[1].**

D'après la loi, la résidence alternée ne modifie pas l'obligation alimentaire vis-à-vis des enfants, donc, en dépit de tout ce qu'on peut entendre ou lire sur Internet à ce sujet, la résidence alternée n'exempte pas du versement de la pension alimentaire.

Quand les revenus des parents ne sont pas égaux, ce qui est souvent le cas, ils seront redistribués en fonction des besoins des enfants. En réalité, la suppression de la pension n'est envisageable que si les parents ont des revenus comparables.

---

1. B. Bogucki, C. Donati, *Divorce mode d'emploi*, Hachette Pratique, 2005.

B. Bogucki, *Encyclopédie pratique de vos droits*, Hachette Pratique, 2006.

## *Les pères demandent la résidence alternée… pour être avec leurs enfants*

On entend souvent aussi que « les pères » demandent la résidence alternée pour ne pas avoir à verser une pension. Ce n'est absolument pas ce que je vois dans ma pratique, je vois surtout des pères qui veulent avoir leurs enfants au quotidien.

Si un parent vient me consulter en posant le problème dans ces termes, je peux lui montrer très vite, avec quelques calculs assez basiques, que ce n'est pas intéressant financièrement : il faut avoir un logement suffisamment grand pour les accueillir même s'ils ne sont pas là, et cela implique beaucoup de frais au quotidien.

Et je dois dire que je n'ai jamais eu un client qui, parce qu'en fin de compte la résidence alternée était plus chère, ait décidé de ne pas la demander. Je vois surtout des pères qui vont jusqu'au bout, qui ont une réelle volonté d'avoir une véritable relation avec leurs enfants au jour le jour, même si cela implique des frais.

L'idée que les pères vont se servir de la résidence alternée pour moins dépenser est un mythe qui vient, je pense, des mères dans des situations conflictuelles. Aussi, je rappelle aux hommes qui peuvent penser que leur ex va s'acheter un château ou faire des folies avec la pension alimentaire que cet argent ne sert pas qu'à acheter les céréales du matin, mais aussi à payer l'électricité, le loyer et les factures. Et ça va très vite !

Autre chose qui peut sembler évident mais qu'il importe de garder en tête, c'est le coût qu'implique la résidence alternée en terme de configuration des logements : on doit prévoir un espace suffisamment confortable pour accueillir l'enfant ou les enfants sur de longues périodes.

Sans dire que certains types de dépenses doivent être effectuées en double : des produits d'hygiène aux vêtements en passant par les instruments de musique – si on peut transporter une flûte ou un violon, si vous voulez que votre enfant pratique chaque jour son piano, il faudra investir…

## Mettre les chiffres sur la table

Quand on envisage une résidence alternée, la façon la plus « propre » de faire, pour ainsi dire, c'est de mettre les chiffres sur la table pour mieux évaluer la réalité de chacun, car dans ces situations critiques, on tend à cristalliser à travers le domaine financier les conflits qui existent par ailleurs.

Dans le cas de la résidence alternée encore plus que dans tout autre arrangement, il faut veiller à ce qu'il n'y ait pas trop d'écart dans les conditions de vie des parents, puisque les enfants vont être contraints de passer d'une maison à l'autre de façon constante.

Cela peut paraître futile, mais si un enfant peut transporter une petite console type PSP, on ne va pas déménager chaque semaine la Wii ou l'ordinateur ni tous ses jouets : il faut chercher, là aussi, l'équilibre.

Encore plus important : pensez aussi aux animaux domestiques, qui sont pour les enfants toujours un soutien affectif supplémentaire.

### Fixer le montant d'une pension alimentaire

Lorsqu'une pension alimentaire doit être fixée, il est important de faire un budget prévisionnel et ce, afin de ne pas s'engager sur des montants déraisonnables. On peut vouloir se montrer généreux envers son enfant – et même l'ex-conjoint – mais il faut encore pouvoir se le permettre réellement.

Au niveau de la procédure, il faut apporter au juge tous les éléments qui vont l'aider à déterminer vos revenus actuels et vos charges. Il demandera la même chose à l'autre personne.

Vous indiquerez le montant de la pension que vous estimez pouvoir et devoir payer, et le magistrat prendra la décision en fonction des revenus, charges et besoins de chacun. À la fin, le montant de la pension à déclarer est celui fixé par le juge (avec indexation) ou, s'il n'y a pas eu de décision judiciaire, un montant raisonnable au regard de ces mêmes facteurs : revenus, charges et besoins de chacun. Il existe un barème non obligatoire mais qui permet de se faire une idée, il est publié chaque année par le ministère de la Justice.

### *Les impôts, la Sécurité sociale, les Allocations familiales*

Le principe de la fiscalité de la pension alimentaire est relativement simple : celui qui la verse la déduit de son revenu imposable, celui qui la perçoit la déclare comme revenu. Attention, il n'est pas possible à la fois de déduire une pension alimentaire et de bénéficier en même temps de la part fiscale d'un enfant.

Le parent qui bénéficie de la part fiscale de l'enfant est le parent chez lequel réside l'enfant. Et donc, en cas de résidence alternée, cette part peut être partagée entre les parents, en sachant que dans ce cas on perd la déductibilité de la pension. Il faut donc faire le calcul.

Sachez aussi que le code de la Sécurité sociale a été modifié afin que les enfants puissent être ayants droit à la Sécurité sociale des deux parents à la fois : il suffit d'adresser un courrier à la caisse dont vous dépendez pour demander l'inscription sur la carte Vitale de chacun des deux parents.

De la même manière, depuis 2007, le partage des allocations familiales entre les deux conjoints est devenu possible, et, en cas de désaccord sur qui les percevra, et s'il y a mise en œuvre effective de la résidence alternée des enfants du couple, le partage devient la règle.

### Associer les enfants aux décisions qui les concernent ?

La loi dit que les parents doivent associer l'enfant aux décisions qui le concernent selon son âge et son degré de maturité, et je ne doute pas qu'il faille les tenir au courant des éléments qui les concernent : où vont-ils habiter, les changements d'école, etc.

Mais je vois des parents qui impliquent leurs enfants à l'excès : on les mêle de tout, on leur fait tout lire… et ils se retrouvent, les pauvres, entre le marteau et l'enclume, ils ne savent plus où se mettre. J'essaie toujours de faire comprendre à mes clients qu'il faut protéger les enfants, mais je ne suis pas là pour les juger, car j'estime que ce sont les parents, et pas moi, qui font leurs choix pour leurs enfants. Donc, quoi que je puisse en penser, leur désarroi ne me donne pas le droit d'imposer ma vision du monde à ces clients/parents.

### Les solutions alternatives aux règlements des conflits

Dans ma pratique, je prône les modèles alternatifs de règlements de conflits, comme la médiation ou le droit collaboratif, car lorsque la communication est totalement rompue entre les « ex », les procédures contentieuses ne font que stigmatiser les difficultés alors que, pour l'intérêt des enfants, il est impératif de faire tout ce qui est possible pour que le couple parental fonctionne.

Une de ces solutions, c'est la médiation, indiquée dans les cas où les parents n'arrivent pas à communiquer de façon fluide. Cependant, je conseille très vivement, avant de signer quoi que ce soit, de faire lire par votre avocat l'accord trouvé en médiation. Le médiateur est, par définition, une figure neutre, une personne de « bons offices ». Il va aider à ouvrir le dialogue, à apaiser les tensions, mais il n'est pas, comme un avocat, « du côté » de son client. Il a des outils, tout à fait valables, pour arriver à des accords, mais il n'est pas là pour pallier vos manques – votre méconnaissance de la loi, vos complexes, votre idéalisme, votre culpabilité…

En dépit de toute votre bonne volonté, vous et votre futur ex, et même le médiateur, vous pouvez ignorer des éléments juridiques qui peuvent s'avérer lourds de conséquences, ou tout simplement, vous pourriez ne pas avoir estimé correctement les coûts pour chacun de l'accord.

Par exemple, imaginez que la femme se sente coupable parce qu'elle quitte son mari. Elle est d'accord pour lui laisser le domicile conjugal. Le père ne va pas forcément aller vérifier si elle a les moyens ensuite de trouver des garants, de verser une caution, de payer chaque mois le loyer et toutes les difficultés comportant l'accès au logement. Et si le juge homologue cet accord, alors qu'il n'est pas techniquement viable, on peut se trouver dans des situations vraiment difficiles, voire, devoir repartir dans un conflit souvent durci.

## *Le droit collaboratif en France et en Europe : une pratique en expansion*

Dans un exemple comme celui que je viens de citer, le droit collaboratif me paraît plus abouti. Les avocats qui le pratiquent ont une formation spécifique, qui inclut une technique particulière fondée non seulement sur les principes de la négociation raisonnée mais également sur une collaboration entre les avocats et leurs clients.

Le but est de trouver un accord à faire homologuer par le juge plutôt que de lui demander de trancher. Formés aux mêmes outils de résolution de conflits que les médiateurs, ces avocats vont prendre en compte tous les éléments, et ils vont rappeler aux clients par exemple, en l'occurrence, qu'il sera dur de trouver un appartement à louer dans le même arrondissement pour le conjoint qui est au SMIC. Deux avocats travaillant de concert seront capables de trouver une solution valable et viable – ils s'en portent garants – où les deux parties trouveront leur compte car il y aura moins d'inégalités dans la situation finale de chacun.

L'expérience prouve que 85 % des affaires traitées par ce processus permettent d'arriver à un tel accord.

**Le coût de la résidence alternée**

On considère qu'au minimum, un quart des frais totaux liés à l'entretien des enfants doit être assumé en double. Ainsi, on a pu estimer que pour un parent ayant un droit de visite d'un enfant équivalent au tiers de l'année, le coût engendré par ce droit représente entre 46 % et 60 % des frais d'entretien de cet enfant résidant une année entière dans une famille intacte, au niveau de vie faible ou modeste. Les frais engendrés par le droit de visite de plusieurs enfants n'augmentent pas en proportion de leur nombre car il existe des frais incompressibles (logement, transport, équipement en double). Pour les mêmes raisons, la part de ces frais fixes n'augmente pas en proportion des revenus. Le logement constitue le plus important de ces frais, d'autant que la pénurie actuelle dans ce domaine et la contrainte spatiale (au plus près de l'établissement de scolarisation) réduisent et donc renchérissent les choix.

Kesteman Nadia, « Focus – Petit état des lieux de la résidence alternée en France », *Informations sociales*, 2008/5 n° 149, p. 82-83.

## 13. La résidence alternée en chiffres en Europe et aux USA

### EN EUROPE

Parmi les 27 pays de l'UE, six seulement proposent un concept semblable à la résidence alternée entendue par la loi française : la Belgique, l'Espagne, l'Angleterre et le Pays de Galles, l'Italie, la République Tchèque et le Luxembourg.

### *En Belgique*

C'est la Belgique qui a la loi la plus radicale en matière d'« hébergement égalitaire » – lisez résidence alternée. En effet, la loi du 18 juillet 2006 établit que « le tribunal examine l'hébergement égalitaire prioritairement, à la demande d'un des parents au moins », même en cas de désaccord ; et indique, à titre d'exemple, des façons de la mettre en pratique : par semaine, par trois jours, par trois semaines…

Il s'agit cependant d'un modèle, non d'une obligation, et les juges pourront toutefois s'en écarter lorsque « certaines circonstances exceptionnelles justifient le choix d'un autre type d'hébergement ».

Ces circonstances « exceptionnelles » ne le sont pas tant que ça, elles relèvent du bon sens : l'éloignement géographique des parents, l'incompatibilité entre l'horaire professionnel d'un des parents et l'horaire scolaire de l'enfant, le désintérêt manifeste d'un des parents pour l'enfant pendant la vie commune ou pendant la séparation, le jeune âge de l'enfant, le choix manifesté par l'enfant lors de son éventuelle audition par le juge, la volonté de garder ensemble une fratrie…

Si la mauvaise communication entre les parents peut aussi être considérée comme une circonstance contre l'hébergement égalitaire, la jurisprudence belge a instamment établi qu'il ne peut être question de s'en écarter systématiquement « parce qu'existent des incompréhensions ou un manque provisoire de dialogue dus à des tensions passagères ou une mauvaise volonté précisément destinée à éviter la mise en place d'un tel hébergement ».

Quant au jeune âge de l'enfant, les juges appliquent en quelque sorte le principe de précaution, et, n'étant pas certains que la séparation de la mère ne soit pas nuisible pour un tout-petit, ils penchent pour laisser l'enfant au domicile de la mère tout en jetant les bases pour qu'un hébergement alterné soit progressivement mis en place.

D'après les statistiques de la justice belge, le nombre de demandes d'hébergement partagé n'a fait qu'augmenter depuis l'entrée en vigueur de cette loi.

Une étude menée par l'université de Liège[1] explique que le texte, en posant l'égalité parentale comme un principe, implique que là où avant il fallait plaider en faveur de l'hébergement égalitaire, il est désormais nécessaire de plaider en sa défaveur lorsque l'un des parents le refuse.

Avocats et juges considèrent qu'avant 2006, de nombreux pères n'imaginaient même pas avoir la possibilité d'obtenir la résidence alternée, et en conséquence, ils ne la demandaient pas. Et puisque le nombre de demandes de résidence alternée devant les tribunaux a explosé, les décisions légales instaurant la résidence alternée ont augmenté pratiquement dans la même mesure.

---

1. Commanditée par le secrétariat d'État belge à la politique des familles et l'université de Liège, Panel démographie familiale, 2010. Sous la coordination de : Marie-Thérèse Casman, chargée de recherche : Angèle César. Avec la collaboration de Dounia Chaoui et Charline Waxweiler.

## *Au Royaume-Uni : 10 % de résidence partagée*

En Angleterre et au Pays de Galles, c'est le Children Act 1989 qui a donné les clés légales pour mettre en place une résidence alternée.

Dans la tradition britannique, le texte est favorable aux accords hors tribunaux plutôt qu'aux décisions prises en justice, et l'intérêt de l'enfant y est élevé au rang de critère déterminant.

Notons qu'il y est rappelé qu'un retard dans les décisions à prendre concernant l'enfant est un préjudice en soi. Le principe de résidence alternée apparaît dans la section 11(4) qui stipule qu'un ordre de résidence peut être dicté concernant deux personnes ou plus – les beaux-parents y ont une reconnaissance légale – qui ne vivent pas ensemble, et la décision doit spécifier les périodes pendant lesquelles l'enfant habitera les différents foyers concernés.

Les associations de pères se battent cependant pour qu'il y ait plus de *shared residence* – résidence partagée légale, n'impliquant pas forcément un partage de temps 50/50 entre les deux parents – imposés par les tribunaux. On estime qu'il y a un petit 10 % de parents séparés qui s'occupent des enfants de façon égalitaire ou presque[1].

---

1. Peavey, V., Hunt, J., *Problematic contact after separation and divorce*, Gingerbread, 2008.

## En Espagne : la « *custodia compartida* » concerne 10,5 % d'enfants[1]

En Espagne, la loi qui régule les divorces et les séparations ainsi que le partage des responsabilités vis-à-vis des enfants fut votée en 2005 et modifia le Code civil et la précédente loi du divorce qui datait de 1981.

En principe, cette loi s'en remet aux parents en ce qui concerne l'exercice de l'autorité parentale et la décision de la résidence de l'enfant. Il y est prévu qu'ils expriment comment ils souhaitent l'exercer – conjointement ou l'un d'eux seulement – dans un accord préalable à la comparution devant le juge dans le cas des procédures non contentieuses.

Dans les divorces contentieux, et en tenant compte de ce qui a été demandé par les parties, c'est le juge qui impose sa décision.

Quant à la résidence de l'enfant, les parents ont la possibilité de choisir, mais, alors qu'en principe la résidence alternée est légalement possible, sa mise en pratique est rare si les parents n'ont pas fait une demande conjointe.

Cette contradiction entre le texte et l'application de la loi a été dénoncée par de nombreux professionnels de la justice et des représentants des associations de défense des pères et des partisans de la

---

1. Données de l'Institut national de statistique espagnol.

*custodia compartida,* littéralement « garde partagée », formule très expressive et qui est passée dans le langage courant même si elle n'existe pas légalement.

Le système législatif espagnol permettant aux régions de légiférer, trois assemblées régionales – Aragon, Catalogne, Valencia – ont approuvé en 2010 des lois qui mettent en avant la résidence alternée, mais en juillet 2011 le gouvernement central a fait suspendre la loi valencienne par le Tribunal Constitucional – Conseil constitutionnel – en alléguant que la région a dépassé ses prérogatives.

Ce même mois, le Tribunal Supremo – la Cour suprême – publiait une sentence qui a marqué un virage dans la jurisprudence, et selon laquelle la résidence alternée devrait être la solution la plus généralisée.

La plus haute instance de la justice espagnole rappelle dans sa décision que la résidence alternée ne doit pas être accordée seulement de façon exceptionnelle, mais au contraire, que c'est un mode de garde qui « devrait être considéré comme le plus normal » parce qu'il protège au mieux le droit des enfants à garder leurs liens affectifs avec les deux géniteurs.

Dans l'opinion publique, le débat fait rage.

## En Italie

L'Assemblée italienne, par loi du divorce de 2006, a inscrit dans la loi le principe de *bigenitorialità* – coparentalité. Une véritable révolution au pays des mammas et du Pape.

Bien que la loi précédente, datant de 1970, faisait déjà légal l'*affidamento alternato* – résidence alternée – dans les faits, les juges penchaient majoritairement – 90 % de cas – pour laisser les enfants avec la mère, qui se trouvait aussi souvent seule responsable de l'enfant.

L'*affidamento condiviso* – une figure proche de l'autorité parentale conjointe en droit français – est la grande nouveauté introduite par cette réforme, celle qui a produit le plus de débats et polémiques lors du vote de la loi en 2006.

D'après le texte, les juges sont tenus de réguler les effets de la séparation des conjoints et de donner la priorité à la responsabilité parentale conjointe, ce qui est le contraire de ce qui se passait avec la loi précédente. L'idée est de donner aux deux parents la possibilité d'intervenir de façon active dans l'éducation de l'enfant, le seul critère dont ils doivent tenir compte étant l'intérêt supérieur de l'enfant – d'après les articles 9.3 et 12 de la convention des Nations unies sur les Droits de l'enfant.

Ce qui inclut aussi les relations avec les familles de leur père et mère, par exemple. La loi stipule aussi qu'à partir de douze ans l'enfant – et même avant si on le considère assez mûr – le juge devra l'entendre.

L'*affidamento condiviso* de 2006 avec l'*affidamento alternato* de la reforma de 2007 rend donc possible légalement la résidence alternée en Italie, mais la situation est loin d'être réglée.

Les associations de pères sont sur le pied de guerre et elles vont tenter une action collective contre le ministère de la Justice italien car, d'après eux, la loi n'est pas respectée par les juges dans les décisions de divorce.

La commission de justice du Sénat italien étudie actuellement les disfonctionnements dans l'application de la loi et la Cour suprême européenne a condamné à plus d'une occasion l'État italien pour avoir nui aux intérêts des pères.

Les pays de l'UE où la garde alternée n'existe pas comme figure légale sont :

Allemagne, Autriche, Bulgarie, Chypre, Danemark, Finlande, Suède, Portugal, Roumanie, Grèce, Irlande, Malte, Pologne, Hongrie, Estonie.

En Allemagne, mais aussi en Suisse, Liechtenstein et Autriche – avec des lois très similaires –, la grande question jusqu'à très récemment était la reconnaissance de l'autorité parentale conjointe pour les pères célibataires. En 1998, une importante réforme du Code civil avait donné aux parents non mariés lors de la naissance de l'enfant la possibilité d'exercer en commun l'autorité parentale, à condition d'effectuer une déclaration, et avait aussi établi que, en cas de séparation, cette autorité conjointe se maintiendrait, ce qui n'était pas le cas auparavant. En revanche, à défaut de ladite déclaration commune, les mères non mariées avaient des droits absolus sur l'enfant en cas de séparation.

Les cas d'abus de pouvoir étant nombreux et dramatiques, les pères célibataires allemands ne cessaient de crier leur colère. Ce n'est qu'en fin 2009 que la Cour européenne des droits de l'homme a condamné l'Allemagne pour discrimination envers un père célibataire qui réclamait la garde conjointe de sa fille, dont il avait pris soin, avec la mère, depuis sa naissance.

Ce cas, fortement médiatisé à cause de l'identité du père, le musicien Horst Zaunegger, marqua un tournant dans la réforme du Code civil allemand. Cette question de l'autorité parentale n'est pas accessoire et, si on prend le temps de s'y attarder, c'est pour faire remarquer que dans les pays d'influence germanique la figure de la mère a un poids notablement supérieur à celui du père et que la question de la résidence alternée fondée sur un partage autour du 50/50 est loin d'aller de soi dans l'environnement européen.

**Aux Pays-Bas**, la résidence alternée est mise en place par 16 % de couples divorcés, mais la résidence unique est plus courante chez la mère en général.

Depuis la loi de mars 2009, appelée loi de Promotion de la parentalité permanente et du divorce correct (Wet bevordering voortgezet ouderschap en zorgvuldige scheiding)(!) les parents ont l'obligation de signer un « plan de parentalité » qu'ils peuvent rédiger seuls ou avec l'aide d'un médiateur ou d'un avocat, et ce plan, dûment complété et signé, fait part de la demande de divorce.

Le plan doit inclure au minimum la division de tâches concernant l'enfant, les aspects financiers et le genre d'information à fournir à l'autre parent pour les questions concernant la personnalité et les besoins de l'enfant. L'idée est de prévenir des conflits futurs qui pourraient nuire au développement de l'enfant.

**En Irlande**. C'est le pays européen le plus réticent à la résidence alternée. Les papas s'organisent et militent pour l'« égalité parentale ».

**Et Malte**… contentons-nous de rappeler que le divorce n'y a été légalisé qu'en mai 2011.

**Dans les pays nordiques**, qui ont la réputation d'être les plus avancés en matière de droit social et d'égalité entre les sexes, la loi n'établit pas expressément la figure de la résidence alternée, sans pour autant faire une obligation d'une résidence unique pour l'enfant. Dans les faits, la résidence alternée est une pratique relativement répandue.

En Suède, Norvège et Danemark, les citoyens – les parents, en l'occurrence – doivent être capables de résoudre leurs conflits privés par eux-mêmes, avec au besoin l'aide des services sociaux sans devoir encombrer les tribunaux, qui n'interviendront qu'en dernier recours.

**En Suède**, on estime que 21 % des 500 000 enfants de parents divorcés vivent en résidence alternée, et 10 % en plus passent un temps largement supérieur à celui du droit de visite classique avec le parent chez qui ils n'ont pas leur domicile officiel[1].

Depuis la loi de 1998, la responsabilité parentale conjointe va de soi pour les couples mariés et, pour les couples non mariés, il est facile d'y accéder par une simple déclaration à la mairie. Si les parents décident ensemble de mettre en place une résidence alternée, ils n'auront qu'à faire valider leur accord

---

1. Singer, Anna, « Active Parenting or Solomon's justice ?, Alternating residence in Sweden for children with separated parents », 2008, *Associate Professor, Faculty of Law*, Uppsala University, Uppsala (Sweden).

par les services sociaux de la région. Ce document a une valeur légale. Dans les séparations ou divorces décidés en justice, la résidence alternée peut être mise en place même en cas d'opposition de l'un des parents. La loi estime aussi que, dans l'intérêt de l'enfant, celui-ci doit avoir accès à ses deux parents de la façon la plus fluide possible, et stipule même qu'en cas de grande distance entre les domiciles des deux parents, le parent avec lequel l'enfant vit doit participer aux frais de transport pour que celui-ci voie l'autre parent[1].

**En Norvège**, entre 5 et 10 % de couples séparés pratiquent la résidence alternée. Les couples qui se séparent doivent faire au moins une séance de médiation obligatoire, un peu comme en France on doit passer par un rendez-vous avec un psy avant d'avorter.

La responsabilité parentale conjointe va de soi tant que l'enfant a été reconnu par les deux parents – qui peuvent légalement être deux mères ou deux pères. La loi donne la préférence aux accords passés entre les parents, et la résidence alternée est parfaitement légale si les parents le décident ainsi. Un juge ne l'imposera que si « des raisons spéciales l'indiquent »[2].

---

1. *Custody of Children in Sweden*, Johanna Schiratzki.

2. Ministère norvégien de l'égalité, les enfants et l'intégration sociale, documentation en ligne.

**Au Danemark**, plus de 20 % d'enfants de parents séparés passent plus d'un tiers de leur temps avec le parent chez qui ils n'ont pas la résidence.

La législation qui date de 2007 stipule que, en cas de désaccord entre les parents quant à la résidence alternée, les tribunaux ne l'imposent pas, mais ils peuvent décider d'un droit de visite élargi proche de la résidence alternée [1].

## AUX USA

Aux États-Unis, chaque État a ses propres lois de séparation et divorce et il peut y avoir des différences considérables d'un État à l'autre en ce qui concerne la flexibilité des arrangements parentaux.

Plusieurs États ne différencient pas de façon précise dans leurs textes l'autorité parentale conjointe – *joint legal custody* – et la résidence alternée – *joint physical custody*.

La plupart des États – 90 % – prônent l'autorité parentale conjointe, douze d'entre eux lui donnent la priorité, et huit encore donnent la priorité si les deux parents sont d'accord. Quelques États seulement ont inscrit dans la loi une présomption légale pour la

---

1. « Parental relocation, Free movement rights and joint parenting », Christina G. Jeppesen de Boer, *Utrecht Law Review*, 2008.

résidence alternée : Floride, Louisiane et Nouveau-Mexique.

D'autres, comme l'**Oregon**, demandent aux magistrats de l'encourager s'ils l'estiment appropriée à la situation, et en Iowa, la cour doit argumenter le refus de la résidence alternée si l'un des parents l'a demandée.

Certains États, dont la **Californie**, pionnière de la résidence alternée – loi « pour » approuvée en 1979 – sont revenus sur la présomption de résidence alternée en 1988.

L'alternance reste possible légalement mais n'est pas le mode de garde prioritaire. Les offensives législatives contre les textes prônant la résidence alternée sont menées outre-Atlantique aussi bien par des lobbys conservateurs pro-famille que par des groupes féministes, pour qui la résidence alternée est une menace pour les victimes de violence conjugale [1].

Cependant, aux États-Unis, les États acceptent comme un principe que les enfants ont le droit à un contact fréquent, voire continu avec leurs deux parents – Arkansas, Colorado, Delaware, Floride.

La priorité de l'intérêt de l'enfant apparaît souvent dans les textes. Dans la plupart des États, on

---

1. Scott, Elizabeth S. and Emery, Robert E., « Gender Politics and Child Custody : The Puzzling Persistence of the Best Interest Standard » (2011). Columbia Public Law & Legal Theory Working Papers. Paper 9200.

établit aussi que l'on doit protéger l'enfant d'un parent.

Certains États établissent la médiation obligatoire avant le dépôt de demande de divorce, et bien qu'elle ne soit pas obligatoire, il y a une certaine culture de la médiation et conciliation pour les parties, et elle est valorisée par les juges. En **Louisiane**, notamment, le tribunal peut obliger les parents à suivre un séminaire pour parents divorcés où ils doivent apprendre comment communiquer et gérer les conflits.

D'autres régulent à peine la question de la résidence et la laissent à la discrétion du juge ou des services sociaux, tandis que d'autres États obligent les parents à formuler une déclaration des droits de leurs enfants dans laquelle ils s'engagent à ne pas utiliser les enfants avant d'admettre la demande de divorce, afin qu'il soit écrit quelque part qu'ils savent que, s'ils jouent des enfants, ils en perdront la tutelle.

Dans le **Minnesota**, par exemple, il faut démontrer l'implication qu'on a eue dans l'éducation des enfants si l'on souhaite demander la résidence alternée et dans l'**État de Washington**, on a éliminé les termes de parent gardien et droit de visite dans la législation pour introduire le terme « plan de parentalité ». Le fait d'avoir ou non participé antérieurement dans l'éducation de l'enfant est, pour les groupes féministes les plus puissants, la meilleure façon d'ajuster les accords post-divorce à la réalité antérieure du couple.

De nombreux autres États exigent aussi un plan parental ou d'éducation des enfants, c'est l'une des dernières innovations dans le divorce de couples avec des enfants mineurs : il faut impérativement présenter un plan de parentalité où apparaît le détail précis de la future organisation du quotidien mais aussi chaque détail concernant la santé, les activités extrascolaires, les vacances et colos…

Et dans presque tout le pays – plus de 60 % des États – les parents sont censés expliquer qui va payer quoi et comment, ou prévoir et anticiper de quelle façon – non judiciaire – ils comptent résoudre les éventuels problèmes qui pourront apparaître.

Ces contrats ou plans de parenté visent moins à tout planifier qu'à faire réfléchir les parents sur une façon rationnelle et raisonnée d'envisager les conflits.

# 14. Les conseils d'une avocate

**Le point de vue de maître Agnès Fichot, avocate au Barreau de Paris, praticienne spécialisée du droit de la famille depuis trente-six ans.**

*Travailler en amont sur le calendrier*

Comme avocate, j'essaie de faire comprendre aux parents que ce sont eux, eux seuls qui pourront régler le mieux possible, ou en tout cas le moins mal, la résidence de Juliette et d'Octave. Je tente de leur faire admettre que les juges aux affaires familiales seront réticents à une organisation, un découpage du temps compliqué. De façon générale, ils sont très demandeurs du paquet cadeau qui consiste à dire : « Divorce aux torts partagés, résidence en alternance une semaine sur deux, du vendredi au vendredi. »

Or, on ne le dira jamais assez : la résidence alternée est nécessairement du cas par cas, du « sur-mesure ». Il est vraiment très important de parvenir à mettre au point un calendrier simple et clair, c'est un véritable travail en amont. Pour ma part, je consacre du temps pour faire des montages et essayer différentes options, pour finaliser un emploi du temps que j'annexe à mes écritures. Il appartiendra au juge, au vu de ce calendrier, d'apprécier s'il lui paraît équitable, praticable pour l'enfant. Il dira alors : « D'accord, on applique le calendrier annexé », ou bien il suggérera des aménagements. Certains penseront que ce n'est pas le travail d'un avocat mais celui d'un médiateur. Qu'ils le disent... Selon moi, c'est un vrai sujet. La famille de Juliette n'est pas celle d'Arthur, elle est unique. Le magistrat ne peut pas prendre un temps infini pour savoir pourquoi le mercredi avec le père et pourquoi pas le jeudi, selon la contrainte professionnelle de l'un et l'activité sportive de l'autre.

Ensuite, il faut apprécier ce planning dans la pratique. Car on peut s'apercevoir qu'il ne marche pas du tout. Parce que Juliette entre-temps a grandi et qu'elle va dire : « Votre truc avec la brosse à dents, le sac, on arrête, ce n'est plus possible. Essayez de vivre comme ça. Puis ensuite vous me grondez, vous et le prof, parce que j'ai oublié mon cahier de textes. C'est pas juste. »

L'enfant peut avoir un avis très clair, même très jeune. Bien entendu, il n'est pas possible de lui laisser dicter sa loi, mais la résidence alternée ne peut exclure son point de vue en rapport direct avec l'organisation de « son » quotidien. La résidence alternée doit être une formule souple, à aménager à l'épreuve du temps et de sa pratique. Elle ne doit pas être un module rigide, ce serait contraire à l'objectif qu'elle poursuit qui est d'abord le bien-être de l'enfant et non pas celui des parents en quête de reconnaissance égalitaire dans leur rôle de parents. C'est essentiel de ne pas transiger avec cette finalité-là ! La seule qui vaille ! Je le redis : le bien-être de l'enfant.

## *Maintenir un confort de vie le plus proche de celui que l'enfant avait avant la séparation*

Je vais vous donner un cas de figure auquel je suis confrontée assez souvent. Le père m'appelle : « J'ai fait comme vous m'avez dit, et voilà, comme je le pressentais, alors qu'elle – la mère – m'avait dit qu'elle pourrait aller chercher Marie à 18 h 30, la crèche vient de m'appeler pour me dire qu'elle n'est pas là. Qu'est-ce que je fais ? » Ma réponse est invariable : « Eh bien, allez chercher Marie, et n'en faites pas un fromage ! » L'objectif de la résidence alternée est simple : maintenir pour l'enfant, avant tout, un confort de vie le plus proche de ce qu'il vivait avant la séparation de ses parents. Et d'ailleurs, l'organisation est souvent plus intelligente et plus fluide qu'avant, avec chaque parent plus à égalité dans son rôle et à sa place. Car il ne faut pas se leurrer, quand un couple parental vit ensemble, il est très exceptionnel qu'il soit en phase parfaite sur les façons de faire pour les enfants. Ce qui, bien entendu, ne s'arrange pas au moment de la séparation. Il arrive souvent que des parents, qui étaient d'accord de manière conceptuelle pour mettre en place l'alternance, ne l'entendent pas de la même manière au moment du passage à l'acte !

Pour que la résidence alternée fonctionne au mieux pour l'enfant, il faut qu'il y ait des respirations, de l'oxygène et donc d'abord de la confiance entre les parents.


## *Faire confiance à l'autre parent*

De mon expérience, je tire ce constat : ce sont les enfants de la résidence alternée qui réapprennent à leurs parents à se faire confiance. C'est la seule chose qu'ils veulent : « Papa, fais confiance à maman, c'est pas grave si… » « Maman, fais confiance à papa, c'est pas grave si… » Mais si Jeanne rentre en disant « On a encore mangé du potiron chez maman, beurk » et que le père interpelle la mère : « Pourquoi tu fais du gratin de potiron, alors que tu sais qu'elle a horreur de ça ? » Lorsque j'entends cela, je hausse le ton ! Je dis stop ! Il faut réinstaller la confiance, se dire que tant pis si l'ex n'est pas très bon pour ceci, il, elle sera meilleur(e) pour ça…

C'est pitoyable ! Il y a des choses tellement plus essentielles dans la vie des enfants que le gratin de potiron. Nos enfants méritent mieux ! Quelle idée se fera l'enfant du rôle de ce parent qui fait un drame pour un gratin de potiron ! Sans dire que cela se fait *toujours* aux dépens des enfants.

Tout parent sait bien que les enfants sont des buvards. Il sait que, même s'ils sont très jeunes, les enfants portent sur lui un regard au laser, qu'ils enregistrent tout. Les parents ne peuvent ignorer que ces enfants-là, les leurs, lorsqu'ils auront vingt ans, pourront leur tenir des propos sur leurs comportements à leur égard quand ils étaient plus jeunes. Des propos qui pourront être terribles et même cruels, mais… vrais, car ils viendront du tréfonds de leur enfance. Ils frapperont en pleine tête et bousculeront violemment leurs superbes certitudes d'avoir été de formidables parents… faute de s'être respectés comme père et comme mère.

## *La mésentente constante autour de l'enfant est une « maltraitance »*

Entre parents séparés, le respect est essentiel. Il est pourtant très difficile d'imposer à l'autre qu'il vous respecte après la séparation alors qu'il ne l'a pas même fait durant l'union parentale. Souvent, les femmes s'y attèlent obstinément, un certain nombre d'hommes aussi. Cet apprentissage est long, douloureux, accidenté…

La situation extrême est celle où les crises répétées entre les parents atteignent des proportions telles, que plane alors sur leurs enfants la menace la plus terrible qui soit : le placement en terrain neutre, c'est-à-dire dans une famille d'accueil, le temps que tout se calme, car l'enfant sera déclaré en danger dans cette guerre de tranchées menée par ses parents.

Avant ce choix du pire, cette décision ultime, le JAF les aura prévenus : « Ce n'est plus possible, je ne veux plus vous revoir, je vais envoyer le dossier chez le juge pour enfants, et peut-être qu'un petit séjour de vos enfants en famille d'accueil va vous permettre de réfléchir. Aujourd'hui, je vous déclare mauvais parents et je décide de protéger vos enfants de vos comportements infantiles et stupides… » Et là, les parents prennent peur.

La mise à exécution est exceptionnelle mais elle existe. Des dossiers sont ouverts auprès des juges des enfants car cette mésentente sans fin autour des enfants est aujourd'hui considérée comme une réelle maltraitance. C'est une évolution. Il y a vingt ans, cela aurait été inimaginable : on ne parlait de maltraitance que dans les cas d'inceste ou de violence physique. Aujourd'hui, avec la prise en compte de la dimension psychologique, le terme de maltraitance a un contenu multiforme.

La clé pour éviter ce désastre, pour recréer cette continuité si importante entre les parents, c'est de lâcher prise, et si possible, chaque jour davantage. Il faut se laisser le temps, permettre que les blessures de chacun cicatrisent, attendre que la vie, reprenant son cours, soit plus douce.


## *Ne pas « surinvestir » sur son enfant*

J'observe, fort souvent, des parents qui ont investi énormément, voire surinvesti leurs enfants, parfois au détriment de leur vie affective ou professionnelle. Ce sont des parents qui ont tout fait parce qu'ils voulaient l'excellence pour leurs enfants, et que, dans le processus, ont privé ceux-ci de leur capacité propre à grandir ; ils les ont privés de la chance de faire des erreurs. Ces enfants-là prennent, en arrivant à l'âge adulte, leurs distances par rapport à leurs parents, ils ressentent qu'ils ont trop reçu et ils l'expriment. C'est pour eux le temps de l'éloignement du trop plein parental, un éloignement qui est en même temps une souffrance pour eux et pour les parents. L'épreuve sera vive mais le temps la gommera de sa marche invisible et sûre.

***Il est naturel que les hommes se battent pour la résidence alternée, mais patience et longueur de temps...***

Certains couples qui ne s'entendent plus du tout, qui n'ont pas une très haute opinion l'un de l'autre, se disent : « Mettons en place la résidence alternée, sinon ce sera encore pire. » Il n'y a pas vraiment là une adhésion de leur part au principe de la résidence alternée, mais c'est la solution la moins mauvaise, en tout cas la seule viable pour eux.

La résidence alternée a en effet le mérite de mettre sur le terrain pratique une forme d'égalité parentale, une égalité qui voudrait, en quelque sorte, réparer l'inégalité fondamentale entre les femmes et les hommes : la maternité, qui comme son nom l'indique, est le propre de la mère. Car là est le fond du problème.

L'accaparement de l'enfant, qui était une pratique reprochée aux femmes, « parce que c'est moi qui ai accouché », un fait qui se posait comme un absolu, se trouve aujourd'hui confronté à une tout autre réalité, celle des hommes qui ont, en un peu plus d'une trentaine d'années, fait un travail de forcenés pour prendre leur place d'homme-père. Alors ceux-là, au moment de la séparation, ont la volonté farouche d'être reconnus à part entière et à égalité avec la femme-mère.

Et c'est vrai que les hommes ont évolué : ils ont changé les couches, fait les accompagnements à l'école et au violon, vu les responsables scolaires et le dentiste... Il est bien naturel qu'ils se battent pour garder leur place, souvent chèrement gagnée, auprès de l'enfant, aujourd'hui au travers de la résidence alternée, comme hier pour l'autorité parentale conjointe.

J'étais d'ailleurs à leurs côtés dès le début, dans leur bagarre difficile pour cette égalité de principe qu'est l'autorité parentale conjointe. Mais... du concept de la résidence alternée à sa mise en œuvre bien concrète au quotidien, il y a tout un chemin à parcourir...

*Une mère n'est pas « démissionnaire » si elle demande ou consent à la résidence alternée*

Nombre de femmes l'admettent volontiers car elles ont parfaitement compris qu'elles ne perdent rien pour autant de leur maternité ni de leur rôle de mère. Certaines savent que, au contraire, cette organisation leur permettra de trouver du temps et de l'espace pour elles, une respiration qu'elles avaient oblitéré ou dont elles n'avaient même pas imaginé l'existence et qu'elles découvrent avec délices… Sans toutefois trop oser le dire, de peur d'être taxées de mère démissionnaire, voire indigne. Les tribunaux entérinent ces situations et n'indexent en aucun cas cette mère-là comme se débarrassant de ses enfants une semaine sur deux.

Une évolution, un mouvement très souterrain, difficile à décrire avec des mots, mais bien présente, est que la femme peut exister en dehors de la maternité. Reste encore à savoir comment cette réalité-là, assumée par les femmes et entérinée par les magistrats, est vécue au plus profond de chacune des mères, qui voient partir les enfants le vendredi soir jusqu'au vendredi suivant.

Car si cette démarche « intellectuelle » existe, une fois les enfants chez le père, un processus discret mais bien réel se met en place, celui de l'inquiétude, voire de l'angoisse maternelle : « Je vais l'appeler. Est-ce qu'il va savoir faire ci, il ne faut pas qu'il oublie de faire cela »… Sans parler de la culpabilité des mères, qui trouvera toujours une occasion pour poindre…

## *La loi de 2002 n'est pas mauvaise…*

En ce qui concerne la résidence alternée, il ne me semble pas nécessaire d'ajouter quelque chose à la loi qui existe actuellement. J'aurais cependant opté pour le terme « responsabilité parentale » plutôt que celui de « autorité parentale ». « Autorité parentale » qui a succédé à « puissance paternelle » ne me semble pas correspondre au concept désigné. Non pas que je refuse le mot autorité : il y a des règles entre parents et enfants, et ce sont les parents qui détiennent l'autorité. Mais je pense qu'il vaudrait mieux parler de « responsabilité parentale ».

Le message de la loi était de dire que la résidence alternée était possible. Ce message a mis beaucoup de temps à être un quasi réflexe des juges et des avocats mais il est très net que l'alternance est devenue le principe. La réflexion sur la stabilité de vie de l'enfant et ses repères est désormais reléguée au second plan.

En réalité, ce qui fait loi au bout d'un certain temps, c'est sa pratique. Comment a-t-on pratiqué la résidence alternée ; qu'a-t-on fait de ce qui est devenu ce sacro-saint principe ? Il est prématuré d'avoir aujourd'hui une opinion arrêtée, on observe d'ailleurs que parmi les spécialistes de l'enfance, il y a les tenants acharnés du pour, comme du contre. Les acteurs que sont les enfants concernés nous le diront, sans doute auront-ils eux aussi des avis partagés.

### *… sauf l'audition de l'enfant par le juge : elle est une hérésie…*

Le dispositif de l'article 388-1 du Code civil impose au juge qui reçoit une lettre de l'enfant de l'entendre, c'est une obligation légale à laquelle il ne peut déroger. C'est une hérésie. C'est une flagellation de l'enfant par lui-même. Cette lettre, comment savoir si ce n'est pas la mère ou le père qui l'a dictée, voire l'avocat ? Ou en tout cas et au mieux, qu'elle n'a pas été induite par un des parents ?

Par ailleurs comment prétendre écouter l'enfant en dix, quinze minutes, guère plus ? Surtout, devant le juge, l'enfant sera comme à l'oral d'un examen, même si le juge est ouvert et à sa portée. L'enfant essaiera de tenir un discours qui ne déplaise à aucun de ses deux parents, tout en se protégeant pour ne pas être en porte à faux par rapport à eux ; en bref, il tentera de résoudre le conflit d'adultes de ses parents. Mais, vous savez : il dira surtout qu'il aime son père tout autant que sa mère, et sa mère autant que son père…

### *… qui tue la parole de l'enfant*

Je tire une sonnette d'alarme à ce sujet. On aboutit aujourd'hui à une situation où, sous couvert des dispositions de l'article 388-1 du Code civil, des enfants sous la « contrainte », en tout cas selon une liberté confisquée, vont écrire au juge, et le juge sera « contraint » de les écouter. Et même si ce juge-là est bien sûr capable de s'apercevoir que les horreurs que Margot récite comme un robot au sujet de l'un de ses parents sont une leçon apprise par cœur, il n'aura pas la liberté de l'exprimer en exergue du compte rendu de l'audition, car ce compte rendu doit rapporter fidèlement ses paroles.

Il reste que le juge qui aura entendu Margot dira peut-être ses impressions de façon discrète à la juridiction qui aura à apprécier l'intérêt de l'enfant, mais sur le papier, il devra consigner ce qu'elle lui aura dit. Il fera le greffier : c'est ce que le dispositif de la loi lui demande ! Quelquefois, il fera un peu plus, il reprendra de manière plus sélective les propos de l'enfant, ce qui placera les parents dos à dos évitant ainsi que l'audition de l'enfant n'envenime encore davantage les rapports parentaux. Mais l'enfant qui va apprendre comment sa parole a été transcrite, au parent qui lui demande des comptes, il répondra en accusé : « Tu sais, j'ai dit ça et ça, mais ça n'a pas été écrit. » Et le parent viendra à douter de la parole de son enfant, se méfier de lui ensuite, le gronder parce qu'il n'a pas dit ce qu'il attendait de lui... Ou bien, au contraire, il le félicitera et le récompensera pour avoir dit le mensonge qu'il attendait de lui ! Il y a urgence à mettre fin à cette pratique de la loi qui enferme l'enfant au nom de sa liberté de dire. C'est un contresens inouï, très, très dangereux.

Après avoir travaillé avec tant de conviction et de profondeur pour arriver à cette prise en compte de la parole de l'enfant, dès l'aube de la Convention internationale des droits de l'enfant ; après avoir travaillé avec et auprès des institutionnels et spécialistes de l'enfance, plus de vingt ans plus tard, je ne peux pas faire, sans hurler, ce constat de la manipulation, de l'instrumentalisation de cette parole de l'enfant par l'un ou l'autre de ses parents.

On tue la parole de l'enfant.


### Les psys devraient pouvoir être consultés par les juges

« Le conflit de loyauté » ! Mot magique, péremptoire, superbement vidé de son sens tant il est usé et abusé par le langage de tous, juges, avocats qui l'ont appris des psys et se l'approprient et voilà que tout est dit… Oui, mais après, que faire…

À ce sujet, il faut avoir le courage d'admettre qu'il y a des situations où la mère fait une pression insupportable sur l'enfant et que le père la subit ; il faut admettre que la réciproque est absolument vraie. Il faut cesser de renvoyer systématiquement les parents dos à dos, parce qu'ils n'ont pas *toujours* et invariablement le même comportement coupable. On ne peut pas parler systématiquement de torts partagés dans le conflit parental, comme lors du conflit conjugal, ce n'est absolument pas le même débat.

On invoque beaucoup le principe de précaution sur de nombreux sujets, il faudrait le pratiquer par rapport à ces enfants pris dans ces guerres parentales ouvertes et cesser d'habiller le tout, toujours, avec le même vocable de conflit de loyauté.

Il y a une façon de faire qui permettrait de mieux travailler. Quantité d'enfants, au lieu d'aller à la danse ou au piano le mercredi, vont chez le psychologue du CMP – Centre médico-psychologique – du quartier où réside l'un de leurs parents ou chez un psychologue privé. Ce psychologue entend ce qui se passe entre papa et maman et « papa m'a demandé d'écrire et maman m'a dit "Ne le fais surtout pas"… » Et que peut faire ce spécialiste face au conflit parental ? Rien ! Car il n'a qu'un seul droit et devoir : ne rien faire.

Pourtant, lui est bien dépositaire de la parole de l'enfant et ce, sur la durée : chaque semaine, sur une, voire deux années, parfois plus. Lui sait que Marie et Victor ne savent plus où ils en sont ! Lui sait qu'on leur apprend surtout la dissimulation, la méfiance envers l'adulte, lui sait qu'Alice et José sont en situation de théâtre permanent, et que c'est grave, mais il ne peut pas le dire aux JAF, car ce n'est pas suffisamment grave selon la loi. Alors il ne peut que garder secrète la parole de ces enfants qu'il « soigne » chaque semaine.

Il serait aisé d'admettre que la loi actuelle, qui fait du juge la seule autorité qui puisse entendre l'enfant, autorise ce juge à se rapprocher d'un tel psychologue qui le suit habituellement et qu'il entende son point de vue avisé ; celui-ci serait alors et dans ces circonstances délié de son secret professionnel. À débattre…

L'audition de l'enfant est introduite avec la loi du 8 janvier 1993. L'article 388.1 du Code civil précise que « désormais, dans toute procédure le concernant, le mineur capable de discernement peut […] être entendu par le juge ou, lorsque son intérêt le commande, par la personne désignée par le juge à cet effet », l'audition de l'enfant lorsque celui-ci en fait la demande ne pouvant être écartée que par une décision spécialement motivée. La loi du 5 mars 2007 réformant la protection de l'enfance a marqué une nouvelle étape, disposant notamment que « l'audition de l'enfant est de droit quand il en fait la demande ».

# BIBLIOGRAPHIE SÉLECTIVE

BAUDE A. et al., « La résidence alternée », Étude exploratoire auprès d'enfants âgés de 7 à 10 ans, *Dialogue*, 2010/2.

BERGER M., « La résidence alternée chez les enfants de moins de six ans. Une situation à hauts risques psychiques », *Devenir*, 2004.

BRUNET F. et al., « Étude sociologique sur la résidence en alternance des enfants de parents séparés », *Fors Recherche Sociale pour la CAF*, 2008. http://www.caf.fr.

JEAMMET P., *Pour nos ados, soyons adultes*, Odile Jacob, 2008.

NEYRAND G., *L'Enfant face à la séparation des parents. Une solution, la résidence alternée*, Syros, 2001.

NEYRAND G., « Le sinueux parcours de la résidence alternée en France », *Spirale* 2009/1 (n° 49).

PHÉLIP J., *Le Livre noir de la garde alternée*, Enfances, Dunod, 2006.

POUSSIN G., *La Fonction parentale, Enfances*, Dunod, 2004, 3ᵉ édition.

Poussin G., « L'alternance épouvantail et le problème des séparations parentales avec des enfants en bas âge », *Spirale* 2009/1 (no 49).

Regnier-Loilier A. (sous la dir.), *Portraits de familles, L'enquête Étude des relations familiales et intergénérationnelles 2009*, Éditions de l'Ined, 2009.